Erika Rosenkranz

UND ICH FAND ES HE

Erinnerungen einer Vertr

GEGRÜNDET
1999

Erika Rosenkranz

UND ICH FAND ES HERRLICH

Erinnerungen einer Vertriebenen

Czernin Verlag, Wien

Gedruckt mit Unterstützung des Magistrats Wien, MA 7 / Kultur und Wissenschaft

Die Deutsche Bibliothek – CIP-Einheitsaufnahme
Rosenkranz, Erika: Und ich fand es herrlich – Erinnerungen einer Vertriebenen / Erika Rosenkranz
Wien: Czernin Verlag, 2001
ISBN 3-7076-0128-5

Art Direction: Bernhard Kerbl
Cover-Foto: Photonica / Nagamatsu
Herstellung: Die Druckdenker GmbH, Wien
Druck: Druckerei Theiss GmbH, Wolfsberg
ISBN 3-7076-0128-5

Für Kurt

Immer wieder versuche ich meinen Erinnerungen zu frönen und meine Geschichte niederzuschreiben. Wie weit mein Gedächtnis zurückreicht, muss ich erst ausloten.

Und immer wieder überlege ich, ob es klug war zu bleiben …

Die politischen Ereignisse warfen mich aus meiner vorbestimmten bürgerlichen Bahn. Das Exil erlebte ich als Jugendliche, meine Sicht der Dinge, die um mich passierten, war jugendlich naiv, zum Teil. So sehe ich das heute.

Die Energie und die Neugierde, die ich fühlte, öffneten mir Türen.

Unsere Emigration ist mit Wundern gepflastert, die uns vor dem Schlimmsten bewahrten.

*

Es erscheint mir nicht unwichtig zu erzählen, dass ich aus einer gutbürgerlichen Wiener Familie stamme. Mein Vater, Fred, war mit sieben Jahren Halbwaise, erhielt aber dank seiner tapferen und tüchtigen Mutter eine hervorragende, äußerst strenge Erziehung. Er wurde Buchhalter, war musisch sehr begabt, schrieb wie gedruckt und wäre sicherlich viel weiter gekommen, wenn …

Ja, wenn meine Mutter eine andere Erziehung genossen und es keinen Hitler gegeben hätte …

So herzlich und bescheiden mir die Familie meines Vaters in Erinnerung ist, so großspurig und herrschaftlich gab sich jene meiner Mutter. Ewige Berg- und Talfahrten in den Vermögensverhältnissen erlebten wir … doch das allein wäre kein Grund für meine Aufzeichnungen. Das Resultat dieser Liebesheirat, Erika, ich, empfindet sich selbst als vielschichtige Person, die durch verschieden geartete private Einflüsse sowie die folgenden politischen Geschehnisse gelernt hat – beziehungsweise erlernen musste – gute und schöne Seiten des Lebens zu schätzen.

Wir lebten glücklich und zufrieden – und ich kann mir gut vorstellen, dass es ziemlich eintönig gewesen wäre,

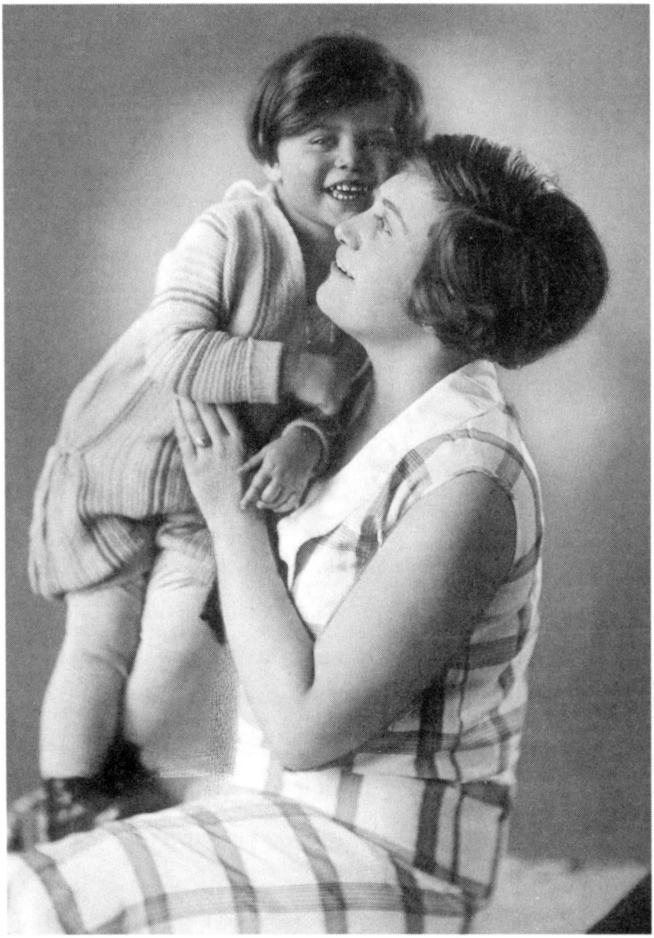

Beim Fotografen mit meiner Mutter, geborene Trebitsch,
verheiratete Roth, zirka 1930

wenn nicht von Zeit zu Zeit ein Familienstreit oder irgendeine andere Unbill unseren Alltag in Bewegung gebracht hätte.

Ich bin mir sicher, dass meine Eltern unter falschen Voraussetzungen geheiratet haben: Er wollte frei sein und sie wollte leben. Im Lauf der Zeit traten ihre verschiedenen Weltanschauungen immer mehr zutage. Es kam schließlich zur Scheidung. Eine „Untat“ für damalige Zeiten, als sich nur Filmstars solche Eskapaden leisteten. Dem voraus gingen lautstarke Auseinandersetzungen, die meine Neugier entfachten und mich in den Mittelpunkt rückten. Beide Elternteile liebten mich sehr und keiner wollte mich dem anderen überlassen. Schon damals war ich ein Biest und nützte diese Situation so weidlich aus, dass es mir schließlich gelang, die Eltern wieder zusammenzubringen. Sie heirateten ein zweites Mal. Während der Zeit der Trennung war ich öfter als üblich bei meinen Großeltern mütterlicherseits in Salzburg, und wenn mich Mutti auch für meine Begriffe zu viel allein dort ließ, verbrachte ich doch schöne Zeiten auf diesem prachtvollen Besitz und in dieser Stadt, die ich noch heute liebe. Ich glaube nicht ein verwöhntes Einzelkind gewesen zu sein. Die Eltern boten mir alles, was sie konnten und was sie von ihrer Herkunft her für nötig erachteten.

Meine Mutter war, wie damals üblich, „nur Hausfrau“, dennoch ging ich in einen Kindergarten, und zwar in einen französischen. Als die Schuljahre begannen, bekam ich eine in meinen Augen sehr alte „Mademoiselle“, mit der ich mich ausschließlich auf Französisch unterhalten musste. Sie stammte aus Lothringen und hatte einen Wiener geheiratet, der sie nach Ottakring verpflanzte. Dort musste sie sich den lokalen Dialekt aneignen, um zu bestehen.

Also wuchs ich zweisprachig auf. Meine Mutter war sportiv und hatte besonders in ihrer Jugend viel Sport betrieben. Ergo wurde ich, sobald es ging, in die Schwimmsektion der Hakoah, des damals größten jüdischen Sportclubs, gesteckt. Da ich ein „Wutzerl“ war, hatte ich ziemliche Erfolge. Ich liebte mein Schwimmtraining. Eislaufen lag mir hingegen gar nicht: Wie eine bereits gemästete Ente watschelte ich über das Eis und fand diesen Zustand schrecklich. Den Winter mochte ich schon als Kind nicht. Ebenso wenig den Zahnarzt, und so vollbrachte ich damals das Kunststück, mir auf dem Weg zu einem solchen das Handgelenk zu brechen. Es sei noch vermerkt, dass ich davor von fünf anderen Zahnärzten hinausgeschmissen worden war – aus den übrigens noch heute gültigen Gründen. Dieser Bruch führte wiederum dazu, dass ich meine Violinstunden aufgeben musste, die mir die Eltern ermöglichten. Hinter der musikalischen Ausbildung stand diesmal Papa. Er war ja der Musische. Sein Gehör war ausgezeichnet, nach Noten konnte er nicht gut spielen. Zur großen Verzweiflung meiner Mutter liebte ich das Geigenspiel (von Spiel konnte noch keine Rede sein …) und übte und kratzte so lange, bis meine Mutter mich bat aufzuhören. In der Schule hatten meine Lehrer nicht zu klagen: Die Erika Roth erwies sich als brave und aufmerksame Schülerin.

Die wirtschaftliche Lage dieser Jahre war schlecht, aber meine Eltern schirmten mich ab. Ich war immer beschäftigt und hatte kaum Zeit zu bemerken, dass mir zum Beispiel eine beste Freundin fehlte, mit der ich blödeln konnte. Meine einzige Spielkameradin hieß Trude Winter und hatte einen ebenso vollen Terminkalender wie ich, nur mit dem Unterschied, dass sie schlanker und daher viel behender war, wenn es um Eislaufen oder rhythmisches Tanzen ging. Ich lebte sehr behütet. Jede Unbill, sofern sie nicht meine Eltern betraf, blieb mir unbekannt. So war das auch bei allen anderen Mädchen, mit denen ich mich traf.

Ich erinnere mich an eine besonders vehemente Meinungsverschiedenheit zwischen Papa und den Eltern meiner Mutter. Ich dachte, wir würden nie mehr Kontakt zu ihnen aufnehmen, so schlimm verlief sie. Doch zu meiner großen Verwunderung saßen wir bald darauf mit meinen Großeltern im Café Herrenhof, als wäre nichts passiert (es war Januar 1938). Die Erwachsenen wirkten allerdings sehr ernst. Papa bemerkte bei einer dieser Gelegenheiten, es sei höchste Zeit das Land zu verlassen, und Großvater stimmte zu. Sie sollten Recht behalten. Bald darauf marschierten die Deutschen in Österreich ein und unser Leben änderte sich schlagartig.

Ich hatte überhaupt keine Ahnung von Politik und verstand keineswegs, was es bedeutete, dass Adolf Hitler in Deutschland an die Macht gekommen, Engelbert Dollfuß ermordet und Kurt von Schuschnigg am Ruder war. Als folgsames Kind las ich gern und viel, doch keine Zeitungen, die man mir vorenthielt, weil das Journalistendeutsch zu schlecht sei … Somit hatte ich von den großen Umwälzungen nichts gehört, geschweige denn sie mitbekommen. Ich war ja auch noch sehr jung.

Für mich änderte sich das Leben wesentlich, wenn auch nur im Detail. Die Großeltern gingen weiterhin nach dem Mittagessen ins Kaffeehaus und bestellten zwei Mokka, ein paar Schritte von ihrem Zuhause entfernt, wo währenddessen ein Dienstmädchen das schöne, etwas düstere Speisezimmer und die Küche in Ordnung brachte. Mutti und ich verschlossen die neu eingerichtete Wohnung in der Alser Straße, die ich nie wieder gesehen habe, und zogen zu den Großeltern auf den Michaelerplatz.

Gearbeitet und verdient wurde nicht mehr. Sehr sorgsam lebten wir vom Vorhandenen.

Die Schule besuchte ich weiterhin. Nach dem „Anschluss" war ich das einzige jüdische Kind in meiner Klasse, denn die meisten Eltern zogen es vor, ihre Kinder zu Hause zu behalten.

Eines Tages wurde ich in der Schule bedroht. Ich nenne es bis heute „Überfall": Bei Unterrichtsschluss wollten mich meine Mitschülerinnen offensichtlich verprügeln. Sie bedrängten mich. Voller Angst rannte ich die Stiegen hinunter und aus dem Gebäude hinaus.

Meine Großeltern mütterlicherseits, Charles und Claire Trebitsch, mit ihren Kindern Ernst und Hedwig in Abbazia, 1913

Zum Glück stand, als hätte sie meine Not geahnt, Mutti dort und nahm mich an der Hand. Trotzdem ging ich danach nur noch eine Zeitlang in diese Schule. Ich erinnere mich, dass meine Mathematikprofessorin, eine bekennende Nationalsozialistin, den Kindern ins Gewissen redete und ihnen verbot, etwas Ähnliches zu wiederholen: „Das ist Sache der Erwachsenen. Die Kinder können ja nichts dafür", erklärte sie. Bald danach besuchte ich eine andere Schule, nämlich die „Judenschule" in der Stumpergasse im sechsten Bezirk. Täglich pilgerte ich missmutig zu Fuß vom Michaeler Platz über die lange Mariahilfer Straße. Onkel Ernst holte mich oft von der Schule ab und begleitete mich nach Hause, vielleicht aus Langeweile, oder doch aus Vorsicht? Ich durfte endlich meine Haare wachsen lassen, fand sich kein Friseur mehr für uns? Den Abend verbrachten wir, ob mit oder ohne Besucher, zu Hause und verkürzten uns die Zeit mit Nestroy-Stücken, die wir in verteilten Rollen laut vortrugen. Noch heute denke ich mit Freude an diese Stunden. Auch in Zeiten der Bedrängnis gab es schöne Momente. Und doch endete der Lebensabschnitt, in dem sich alles um die Familie und das Privatleben gedreht hatte. Über Nacht wurde das behütete Mädchen zur Erwachsenen erklärt.

An Pessach wurde in diesem Jahr, 1938, nicht gedacht, die Tradition war für uns nebensächlich geworden. Nun mussten sich alle wehren, wollten sie überleben. In Wien wurde marschiert, gejohlt, geschlagen, geschmiert und geschrien. Man bedrängte uns und wir rückten näher zusammen. Zu Ende waren die Besuche bei der Löwen-Oma, meiner Großmutter väterlicherseits, einer beeindruckend starken Frau, die als „Ganslerin" am Radetzkyplatz den Lebensunterhalt für sich und ihre Familie verdiente, mit Ausnahme meines Vaters und Tante Edith. Nur die „Bundesbrüder" von Onkel Ernst, der einer schlagenden jüdischen Verbindung angehörte, besuchten uns weiterhin. Die Wohnung am Michaelerplatz verließen wir nur, um die notwendigsten Dinge zu besorgen. Und um das Ausreisevisum für Mutti zu beantragen. Mein Vater hatte bereits drei Wochen nach dem „Anschluss" das Land verlassen. Sein österreichischer Pass wurde anerkannt, das Einreisevisum nach Frankreich erhielt er ohne Komplikationen. Die Flüchtlinge mit einem alten gültigen österreichischen Pass bekamen den Status von „Ex-Autrichiens", sie galten nicht als Staatenlose.

Großvater Trebitsch war vor Papa nach Budapest abgereist, um laufende Geschäfte zu regeln, und flog bzw.

floh von dort über Prag nach Paris. Sehr wahrscheinlich ist, dass er sein gesamtes geschäftliches Vermögen nach Frankreich retten konnte. Die französische Regierung stellte zu dieser Zeit bereitwillig *cartes de commerçant* (Handelsscheine) für wohlhabende Emigranten aus. Großpapa legte zudem immer viel Wert auf seine internationalen Kontakte, die sich durch seine Arbeit ergaben und ihm im Exil sehr helfen sollten. Als Lebensmittelchemiker hatte er in den zwanziger Jahren das so genannte „Vitalin-Brot" entwickelt. Zum ersten Mal war es gelungen, einem Lebensmittel durch Bestrahlung Vitamine zuzusetzen. Er wurde damit sehr wohlhabend.

Wir, Mutti, Omama, Onkel Ernst und ich, reisten erst drei Monate später nach Italien. Wir brauchten aber bereits ein Visum für Frankreich, weil wir aus dem feindlichen, da nationalsozialistischen Österreich kamen.

*

Am 5. Juni 1938 war es dann so weit. Unser Zug verließ Wien um acht Uhr fünfundfünzig Richtung San Remo, Italien. Wir hatten uns, sofern möglich, neu eingekleidet und reisten derart ausgestattet in ein „neues" und, wie wir hofften, gutes Leben. Für Italien brauchten wir übrigens kein Visum, verständlicherweise.

An der Bahnfahrt selbst konnte ich nichts Außergewöhnliches finden. Schon oft war ich mit dem Zug gefahren, jedoch nie so weit in den Süden. Die Reise dauerte mir zu lang. Als wir in Venedig Station machten, war es Nacht, und wir konnten uns eine Stunde lang die Beine vertreten. Mailand war düster und laut. Die Faschisten hatten gefeiert. Erst als ich in Genua das Meer sah, war ich hingerissen. So viel Wasser auf einmal! Die Sonne schien, das Meer glitzerte tiefblau – absolut kitschig. „Die Weite des Horizonts senkte sich in mein Herz" … und noch heute liebe ich jede Landschaft, die mich weitet und frei macht.

Wir wohnten in einer kleinen, aber netten Pension oberhalb der Promenade von San Remo, die einer deutschen Familie gehörte. Die Kost war ganz nach unserem Geschmack, nur als es einmal grüne Nudeln gab, streikte ich. Das Leben in Italien war zu dieser Zeit gar nicht so rosig, wie ich es empfand. Das Brot bestand nicht aus Weizen, sondern aus Mais, die Kleidung der Frauen war armselig, niemand trug Schmuck, nicht einmal einen Ehering. Juwelen waren fürs Vaterland gespendet worden, denn dieses brauchte Geld, um Krieg zu führen. Die Italiener schienen mit dem Duce jedenfalls zufrieden …

Der Strand war meine Domäne. Er bestand aus runden, vom Meer abgeschliffenen Kieselsteinen. Ich freute mich, dass ich baden gehen durfte. Wellen gab es, mir schienen sie hoch, und das Wasser schmeckte sehr salzig, viel salziger als später. Und ich genoss die gelockerten Zügel meiner bis dahin recht strengen Erziehung. Abends musste ich nicht mehr wie bisher um acht Uhr schlafen gehen, sondern spazierte mit Mutti, Omama und Onkel Ernst auf der Seepromenade oder in der Altstadt.

Die Gerüche waren fremd, die Stimmen ungewöhnlich laut – für mich war alles abenteuerlich und ich inhalierte förmlich alles Neue. Von einem Tag auf den anderen war ich ja von den Eltern stillschweigend zur Erwachsenen erklärt worden. Die mir bestimmte bürgerliche Erziehung war über Bord geworfen, und ich fand es herrlich. Die Erwachsenen saßen stundenlang in den Vorgärten der Kaffeehäuser und diskutierten aufgeregt, mit Freunden oder Unbekannten, über Politik. Ich hatte verstanden, dass San Remo nicht unser Bestimmungsort war und dass Opapa und Papa uns ein Visum für Monaco senden sollten. Ich erinnere mich an den Tag, an dem wir mit einem Taxi an die Grenze zum Pont St. Louis fuhren. Opapa und Papa erwarteten uns bereits und wir begrüßten einander herzlichst. Ich nahm die Sachlage zur Kenntnis, ohne aber die Situation zu erfassen. Wir waren nicht die Einzigen an diesem Ort: Zahllose Autobusse parkten in der Nähe der Grenze, ich hörte viele verschiedene Sprachen. Als es Zeit war nach Ventimiglia umzukehren, konnte ich den Schmerz nicht ertragen, Papa wieder zu verlassen, und weinte los. So sehr, dass der französische Zöllner beschloss, Schufti, unseren Hund, und mich in das mir so gelobt erscheinende Frankreich einwandern zu lassen – ohne Visum, ohne Pass und ohne jegliche Formalität. Ganz frei. Wir gingen eine lange Strecke zu Fuß, ehe wir mit einem riesigen Autobus entlang des geliebten Meeres nach Monaco fuhren. Viel später habe ich erfahren, dass Omama, Mutti und Onkel Ernst damals zurück nach San Remo gereist waren und die saubere Pension gegen ein kleines, schlechtes Hotel in der Nähe des Bahnhofes von Ventimiglia getauscht hatten. Diese Unterkunft kostete gewiss viel weniger, entsprach jedoch bestimmt nicht mehr ihren Ansprüchen – die Emigration hatte begonnen.

Währenddessen verbrachte ich angenehme Tage in Monte Carlo. Unser Hotel war ziemlich heruntergekommen. Meine beiden „Väter" hatten viel zu viel zu tun, mich im Auge zu behalten, und waren damit überfordert. Jedenfalls war ich selbstständig, verfügte über meine Zeit, kam mir recht schön vor, schwimmen konnte ich gehen, wann ich wollte, und für Verpflegung war gesorgt. Es war Sommer und das Meer prachtvoll. Keine Verpflichtungen warteten auf mich. Ich war immer noch ein Kind: Im Hotel entdeckte ich einen Aufzug, den man mit einem dicken Strick in Bewegung setzte, wie genau er funktionierte, weiß ich natürlich nicht mehr. Kurz und gut: Stundenlang fuhr ich auf und ab und hatte riesigen Spaß dabei …

Mutti, Omama und Onkel Ernst erreichten Monaco – erst viel später sollte ich erfahren, auf welch abenteuerliche Weise, da die versprochenen Visa nie eingetroffen waren. Das Wichtigste für mich blieb, dass wir endlich wieder vereint waren. Der Aufenthalt im Hotel wurde natürlich zu kostspielig und so mietete mein Großvater eine passende Wohnung in Cap d'Ail in Frankreich, das Aufenthaltsbewilligungen (*cartes d'identité)* eher ausstellte als Monaco. Ich fühlte mich in den Ferien, weiterhin. Jeder von uns bewohnte ein Zimmer – ich hatte kein eigenes mehr und musste bei meinen Eltern schlafen. Heute kann ich mir vorstellen, wie unangenehm das für sie gewesen sein muss, doch mich störte das damals keineswegs. Die Wohnung war Teil einer großen Villa inmitten eines Parks, in dem ich spielte, häufig mit Kindern, die nicht immer liebenswürdig zu mir waren. Mein Französisch war damals noch nicht sehr gut und ich verstand sie nicht immer. Ich entdeckte den Strand, weitaus malerischer als in Monaco, den ich lieben lernte. Er lag in einer kleinen Bucht und die Steine am Ufer waren rund und klein wie Kiesel. August und September 1938 vergingen wie im Flug, mit Spielen und Baden, die Sorgen der Erwachsenen berührten mich nur am Rande.

Da ich am besten von allen Französisch sprach, musste ich einkaufen gehen. Woher damals das nötige Geld kam? Ich entsinne mich nur ein unbeschwertes „erwachsenes Kind" gewesen zu sein.

Ab Oktober sollte ich die Schule besuchen. Als der Zeitpunkt näher rückte, wurde mit der Direktorin der aus drei Stufen bestehenden Schule in Cap d'Ail besprochen, mich in die erste Klasse aufzunehmen, da ich wohl Französisch sprechen, der Schrift jedoch unkundig war, also weder schreiben noch lesen konnte. Die Erwachsenen hatten mich unterschätzt: Mein Ehrgeiz war erwacht. Bald kam ich zu meinen Altersgenossen. Das war am Anfang gar nicht lustig. Zu meinem großen Glück schätzte die Lehrerin, Madame Gastaldi, eine wahre Pädagogin, meinen Fall richtig ein und spielte mir französische Jungmädchenromane à la Hedwig Courts-Mahler in die Hände. Ich verschlang diese Lektüre förmlich. Schreiben und Lesen stellte sich in kürzester Zeit ein. Ambitioniert wie ich war, wurde ich sogar innerhalb von ein paar Wochen Klassenbeste. Nun öffneten sich mir alle Türen und ich gewann rasch viele gute Freunde in der Klasse. Nie ging ich den relativ langen Schulweg, den ich immerhin zweimal täglich zurücklegen musste, allein. Ich hatte sogar Verehrer, obwohl ich gewiss weder hübsch noch sonst irgendwie begehrenswert war. Ich dachte französisch und fühlte mich voll integriert. Es kam mir vor, als wäre ich in Frankreich geboren und hätte nie in einem anderen Land gelebt.

Mein Papa, stets fleißig, war nach Paris gefahren und bemühte sich dort eine Existenz aufzubauen, um unter anderem seiner Familie, der Löwen-Oma und diversen Onkeln und Tanten, behilflich zu sein. Ohne Zweifel tat er das Richtige, doch Mutti kam nur sehr schwer mit seiner Familie aus, als wir schließlich zu ihm nach Paris zogen. Bald schien es auch mir die Hölle. Keine Freunde und Bekannten erwarteten uns in Paris, nur Armut, Sorgen und Bedrückung. Das Geld ging uns aus, die Franzosen erteilten keine Arbeitsbewilligungen, da sie Emigranten offiziell als Touristen einstuften. Ohne *carte de travail* (Arbeitserlaubnis) oder *carte d'artisan* (Gewerbeausweis) war man seinem Schicksal ausgeliefert. Wenn die Flüchtlinge keine Hilfe von den Komitees bekamen, gingen sie sogar von Tür zu Tür *keilen*, d.h. verkaufen. Ich sah schrecklich viele Bettler in Paris. Die meisten Flüchtlinge, wie zum Beispiel die Familie meines Vaters, hatten keine handwerklichen Berufe erlernt. Somit blieben ihnen wenige Möglichkeiten, um zu überleben. Mutti und mir war diese Situation fremd und wir konnten uns nicht damit abfinden.

Mein Großvater mütterlicherseits hielt, solange er konnte, seine schützende Hand über uns.

Er hatte damals bereits alte Beziehungen wieder aufgenommen. Dank seiner Verbindungen gelang es ihm, an jene Geschäfte, die er vor dem „Anschluss“ geführt hatte, anzuknüpfen. Übrigens gewährte er keinem in seiner Familie Einblick in das Geschäftliche und musste viel später – vielleicht zu spät – erkennen, dass das ein Fehler war. Auf der Durchreise nach Bruxelles besuchten Großmama und er uns in Paris und durchschauten sofort unsere Lage. Sie schlugen uns vor, unverzüglich zurück nach Cap d'Ail zu gehen: Die Wohnung war ja bezahlt und stand leer. Das nötige Geld für den Lebensunterhalt würden sie uns aus Bruxelles schicken. Mutti und ich ergriffen dankbar diese Möglichkeit, aus Paris wegzukommen. Das Wiedersehen mit meinem Meer, meiner Côte und mit der mir lieb gewordenen Umgebung war überwältigend und ich war so zufrieden, dass ich meinen Papa nicht vermisste.

Wenige Tage nach unserer Rückkehr brach der Krieg aus … Die Lage hatte sich bereits zugespitzt – kurz zuvor fand in Paris das Attentat auf den deutschen Diplomaten Ernst von Rath statt –, doch keiner von uns sah den Krieg in diesem Ausmaß voraus.

*

In Südfrankreich waren wir sowohl von den Großeltern als auch von Papa abgeschnitten, an Geldsendungen war nicht mehr zu denken. Wir mussten die Dinge selbst in die Hand nehmen. Nicht nur ich konnte mir einen Kreis von Freunden schaffen, auch die Erwachsenen schlossen Kontakte. Trotzdem standen Mutti und mir schließlich keine Mittel mehr zur Verfügung, und weder sie noch ich wussten diese zu beschaffen. Wir wollten und konnten doch nicht betteln! Auch nicht in Nizza, wo mittlerweile zahlreiche Hilfskomitees gegründet worden waren. Wir haben sie nie in Anspruch genommen.

In erster Linie half uns Familie Chardonneaux, besonders Monsieur Chardonneaux. Dieser Papa Chardonneaux kam täglich zu Besuch und war, wie mir viel später klar wurde, der Liebhaber meiner Mutter.

Eines Abends hatten sich Papa und Mama Chardonneaux zum Abendessen angesagt und Mutti konnte ihren Besuch nicht abwenden. Sie plante danach das Gas aufzudrehen, um unserem Leben ein Ende zu machen. Sie sah keinen Ausweg mehr. Als Mama und Papa Chardonneaux kamen, brachten sie vier Einkaufstaschen mit Lebensmitteln mit. Von Selbstmord war keine Rede mehr und wir blieben, dank der Chardonneaux, weiterhin gut versorgt. Sie hatten unsere Situation sehr wohl erkannt und erwiesen sich als Freunde in der Not. Sie erklärten sich darüber hinaus bereit uns Geld zu leihen, damit wir am Land ein kleines Häuschen mieten und uns durch den Anbau von Gemüse und Obst selbst erhalten konnten. Dazu brauchten wir keine Arbeitsbewilligung. So zogen wir in die Dordogne, hundert Kilometer östlich von Bordeaux, nach Eymet in ein kleines Haus mit einem großen Garten. Vor dem Haus standen eine prächtige Linde und ein Ziehbrunnen, aus dem wir Wasser schöpften. Papa Chardonneaux gab uns nebst der Miete einen kleinen Betrag, der uns bis zur ersten Ernte helfen sollte.

Kurze Zeit nach unserem Eintreffen in Eymet stieß Many Fuchs, aus Wien kommend, zu uns. Sie war die damalige Braut des jüngeren Bruders meiner Mutter, meines Lieblingsonkels Rudy. Many studierte in Wien Chemie und hatte weder von Haushalt noch von Gärtnerei eine Ahnung, und auch überhaupt keinen Ehrgeiz diese Dinge zu erlernen. Rudy kam später dazu. Er war schon lange aus familiären Gründen aus Wien weggegangen und hatte sich zur Fremdenlegion gemeldet.

Großpapas Beziehungen halfen ihm, aus ihr entlassen zu werden.

Es war Krieg, wir besaßen nichts, aber wir lebten eigentlich recht zufrieden, obwohl meine Mutter, und ganz besonders sie, harte physische Arbeit leisten musste. Sie war ja nicht im Entferntesten dazu erzogen worden.

In meiner Erinnerung war es ein schöner, heißer Sommer. Unsere Tomaten, Fisolen, Gurken wuchsen gut heran. Als die Pfirsiche reif waren, ging ich zum Wochenmarkt nach Eymet. Da wir keine Waage besaßen, verkaufte ich per Dutzend, und zwar alles, was wir anzubieten hatten. Mutti war überglücklich und erhoffte für das nächste Jahr noch reichere Ernte. Sie war es, die uns alle versorgte; ich bekam als Anerkennung für meinen Verkaufserfolg ein paar Florstrümpfe, auf die ich sehr stolz war. Die politischen Umstände und unsere Armut hatten mich zum vollwertigen Familienmitglied gemacht, doch was mein politisches Verständnis betraf, war ich weiterhin eine Zwölfjährige geblieben.

Rudy stieß also auch zu uns und übernahm eine Vertretung als *ponceur* für Wochenmärkte. Das heißt: Er verkaufte, und das gut, selbst erfundene Parkettschleifgeräte, die er aus Holzlamellen und Rasierklingen zusammensetzte.

Unser Zusammenleben auf engstem Raum brachte natürlich auch Schwierigkeiten mit sich. Die gesamte Arbeit ruhte ja auf den Schultern meiner Mutter, die Many und Rudy gegenüber immer unduldsamer wurde, sodass diese uns nach verhältnismäßig kurzer Zeit verließen. Mutti und ich blieben jedoch nicht lange allein. Den Großeltern und Onkel Ernst gelang es einige Zeit später uns zu finden. Daraufhin übersiedelten wir in ein Haus ganz am Rand der Ortschaft, in dem nicht nur jeder ein eigenes Zimmer mit Fließwasser bewohnte. Es gab auch ein Herrenzimmer mit Billardtisch, eine Bibliothek, Terrasse und Rosengarten – und sogar einen Flugplatz. Das war eben der Stil meiner Großeltern. Ich erinnere mich gerne daran, es muss Ende des Sommers 1939 gewesen sein.

Kurz darauf wurden alle Männer aufgefordert, sich in der Kreisstadt Perigueux bei der Gendarmerie zu melden. Onkel Ernst begab sich mit einem geborgten Fahrrad dorthin. Von ihm stammt ein Bonmot, das noch heute seine Anwendung in meiner Familie findet, wenn etwas Unverständliches passiert: „A Idee von einem Gendarm im Kriegsfall!“ In Perigueux wurden sie alle nicht, wie erhofft, als Soldaten eingezogen, um den Krieg für Frankreich zu gewinnen, sondern interniert. Wir hatten keine Ahnung, wohin man sie brachte, da uns keine Nachrichten erreichten.

Omama, Mutti und ich standen da mit einem riesigen Haus, es kam der Herbst und wir waren völlig mittellos. Wir fanden Arbeit bei der Weinlese und pflückten Champignons, die am Flugfeld wuchsen. Unsere Armut war unbeschreiblich. Ich war schulpflichtig, musste aber jeden Tag über Berg und Tal in die Schule nach La Roquette, das sicher fünf Kilometer Luftlinie entfernt lag. Wieso ich so weit gehen musste, ist mir heute noch nicht klar. Wenn ich des Morgens um sechs Uhr loszog, war es Nacht, wenn ich abends um fünf Uhr heimkehrte ebenfalls. Die Schule bestand aus zwei Klassen mit je drei Divisionen. Meine Mitschüler waren Kinder von Bauern und hatten einen ebenso langen Schulweg wie ich. Wir verbrachten den ganzen Tag in der Schule. Zu Mittag teilte die Lehrerin Suppe und ein Stück Brot an uns aus. Noch heute zehre ich von Einzelheiten, die ich dort gelernt oder erfahren habe. Sogar Gedichte, die ich zu dieser Zeit einstudierte, kann ich noch auswendig. Im Rückblick auf diese Zeit weiß ich, wie arm wir alle waren, aber damals fand ich nur den langen Schulweg bedrückend; heute würde ich ihn als gefährlich einstufen.

Einmal fand ich auf der Straße ein kleines rotes Kätzchen. Ich nannte es Ziza. Als ob wir nicht schon genügend Sorgen gehabt hätten, brachte ich es nach Hause. Wieder bewies meine Mutter ihr großes Verständnis für mich: Ich durfte Ziza behalten.

Sehr oft fanden Gespräche statt, in denen nach Lösungen für unsere Situation gesucht wurde. Damals aber nahm ich nur wahr, was um mich geschah. Ich sah, dass wir nichts hatten, ging gern zur Schule und nachmittags in ein Gasthaus, um dort Gemüse zu putzen oder zu schälen. An diesen Tagen genoss ich ein ordentliches Essen.

Eines Tages packten wir unsere Habseligkeiten und fuhren in einem privaten Auto nach Nizza bzw. nach Cap d'Ail zurück. Rückblickend nehme ich an, dass meine Mutter mit dem Sohn der Gastwirtin, der Besitzerin dieses feudalen Hauses, befreundet und dass er es war, der uns führte. „Zu Hause" war nun bei Papa und Madame Chardonneaux, wo wir wohnten und eine Zeitlang lebten. Madame Chardonneaux muss sehr großzügig gewesen sein. Ich kehrte in meine alte Schule in Cap d'Ail zurück und wurde schnell von meinen ehemaligen Mitschülern aufgenommen. Diese Zeit, so erinnere ich mich, war recht sorgenfrei und vergnüglich. Die Schule fiel mir nicht schwer, meine Freunde besaßen so wenig wie ich, der Sommer begann und ich hatte mein viel geliebtes Meer wieder. Jede freie Minute verbrachte ich am Strand, schwamm oder schlenderte den ganzen Weg von Monaco-Condamine bis zur Plage Mala. Ob am frühen Morgen oder am späten Abend, das Meer übte seine Faszination immer auf mich aus. Die Söhne Chardonneaux kamen zu Besuch, nette, einfache junge Leute, die bei der Feuerwehr in Lyon und Paris dienten, und ich bildete mir ein Verehrer zu haben. Papa Chardonneaux bestärkte mich auch darin, indem er mir einen großen, gusseisernen Kessel mit Goldstücken versprach, sollte ich einen seiner Söhne heiraten.

Mein Vater siedelte von Paris nach Nizza um. Meine Mutter versuchte bei dieser Gelegenheit ihre Ehe zu reparieren. Wir zogen zu dritt in ein schäbiges Haus, in dem wir ein noch schäbigeres Zimmer bewohnten. Zu allem Überfluss hatte mein Vater ein Verhältnis mit einer hässlichen Frau namens Genia angefangen, einer Emigrantin aus Weißrussland – damals gab es zahlreiche weißrussische Flüchtlinge in Nizza, und noch heute leben viele von deren Nachkommen dort. Sie tat auf Künstlerin, war aber zu dieser Zeit einfach die *concièrge* des schrecklichen Hauses, in dem wir untergekommen waren. Und ich mochte sie nicht. Diese Situation war gewiss unerträglich für meine Mutter. So sehe ich das allerdings erst heute.

Damals ging ich in eine Schule, in der ich mich absolut nicht wohl fühlte. Weder mit den Lehrern noch mit den Schülern kam ich zurecht. Auch ich setzte meine Mutter unter Druck, denn ich sehnte mich zurück nach Cap d'Ail. Wie immer hatte ich Glück: Kurze Zeit später lebten wir wie früher bei den Chardonneaux. Unsere prekäre Lage hatte sich nicht gebessert, die Eltern überlegten hin und her auf der Suche nach einer Lösung, doch diesmal war ich „das Kind" und durfte nicht zuhören. Sie trafen die Entscheidungen und ich hatte mich zu fügen. Ich weiß nicht, ob sie damals richtig daran taten, oder ob „angewandte Familiendemokratie" klüger gewesen wäre … Die Konsequenzen der elterlichen Beschlüsse musste ich jedenfalls übernehmen, die materiellen Sorgen jedoch blieben mir weiterhin erspart. Ich kannte nichts anderes als Armut und sie belastete mich in keiner Weise.

Die Chardonneaux halfen uns ein weiteres Mal. Meine Eltern mieteten mit einem von ihnen zur Verfügung gestellten Darlehen eine ordentliche Wohnung in Nizza, 73, Boulevard Gambetta, bestehend aus einem Schlafzimmer, einem Wohn-/Esszimmer, einem Zimmer für mich, einem Kabinett, das wir vermieteten, einer Küche und einem Badezimmer. Vor allem: keine Mäuse! Unsere Unterkunft war sonnig, nahe dem Meer und den Hügeln rund um Nizza gelegen. Damals eröffneten meine Eltern einen Mittagstisch für allein stehende Emigranten. Wir verdienten damit zwar nicht viel, konnten jedoch davon leben.

Ich kam in die Schule der Baumettes, in die Klasse von Madame LeBis, war akzeptiert und glücklich. Mit meinen Aufsätzen verstand ich alle zu Tränen zu rühren. Die Schule dauerte von acht bis elf und von vierzehn bis sechzehn Uhr. In den drei Stunden Pause musste ich zu Hause tüchtig zupacken, servierte das Essen und wusch danach das viele Geschirr. Ich war damals dreizehn Jahre alt und verdiente mein erstes Taschengeld durch Übersetzungen für unsere „Gäste“. Papa brachte außerdem zu Mittag Bestellungen für diverse Strudel mit, die Mutti unermüdlich und in endlosen Schlangen herstellte.

Ganz bestimmt war ich kein hübsches Mädchen, denn obwohl meine Freundinnen Raymonde und Dina bereits Verehrer hatten, mochte mich keiner der Jünglinge. Nichts wünschte ich mir sehnlicher, als auch einmal abends, nachdem ich Raymonde beim Lernen geholfen hatte und nach Hause ging, auf fünf Minuten im Jardin Alsace-Lorraine von einem Burschen geknutscht zu werden. Sonntags, wenn noch keine Badesaison war, machten wir lange Spaziergänge zu Dina, die in den Hügeln um Nizza recht ärmlich wohnte, oder wir gingen beim Temple de Diane in Cimiez Rosen pflücken. Wenn wir Donnerstag nachmittags frei hatten und alle Aufgaben erledigt waren, streiften wir durch die großen Warenhäuser und probierten Hüte … Im Sommer – und der dauert an der Côte ziemlich lang – flanierte man schon damals abends auf der Promenade des Anglais, im Winter gingen wir hin und wieder in ein Kino. Karneval gab es damals keinen – es war ja Krieg.

Es kam auch vor, dass Heinz Engel, ein Freund unseres Untermieters, und andere junge Leute am Sonntag zu uns auf Besuch kamen. Ich fand Heinz sehr nett, vielleicht war ich sogar ein bisschen verliebt in ihn. An diesen Sonntagen kredenzte meine Mutter Einspänner und Papa holte seine Geige hervor und spielte auf. Dazu tanzten wir, manche versanken in Melancholie, wenn Wiener Lieder oder alte, den Jungen unbekannte Schlager zu hören waren. Ich jedenfalls fühlte mich als Französin und in Nizza zu Hause. Das ist so bis heute geblieben.

*

Die französischen Behörden verlängerten unsere Aufenthaltsbewilligungen immer nur für kurze Zeit und nur für ein bestimmtes *département.* Alle paar Monate wurden wir zur zuständigen Stelle in der Rue Giofreddo in Nizza beordert und mussten nachweisen, dass wir genügend Geld besaßen, um ohne Arbeit zu überleben. Denn einer Beschäftigung nachgehen durften wir offiziell ja nicht. Mehrere Leute gemeinsam legten also für einen Betrag zusammen, damit jeder genügend Geld vorzuweisen hatte. Daran war auch die *carte d'identité* gekoppelt.

Im Januar 1940 entließ man die meisten „unverdächtigen" Internierten. Wenn man kein Überseevisum besaß und einer neuerlichen Verhaftung entgehen wollte, konnte man sich „nach Wahl“ zur Fremdenlegion oder zum unbewaffneten Arbeitseinsatz gegen den Feind, zur *prestation*, melden. Mein Vater zog die *prestation* vor und wurde als Zeichner, seinen Fähigkeiten entsprechend, in eine Fabrik nach Rouen in Nordwestfrankreich abkommandiert. Kaum dort angekommen, schickte man ihn wieder nach Nizza zurück, da die Front inzwischen zusammengebrochen war. Korrekt – wie mein Vater eben war – bat er die Polizei um ein *laissez-passer* (Passierschein). Sogleich wurde er als „Spion“ verhaftet – nur so konnte sich die französische Gendarmerie erklären, warum seine Papiere in Ordnung waren. Mit vielen anderen, ausnahmslos Juden, wurde er auf einem Fußballplatz in Rouen interniert. Als die Deutschen näher rückten und am 5. Juni 1940 mit Bombenangriffen begannen, trieb man die Internierten quer durch Frankreich; nicht etwa Richtung Ärmelkanal, um ihnen die Flucht zu ermöglichen, sondern nach Nantes, wo sie schließlich in die Hände des Feindes fielen. Immerhin bekamen sie zu essen und konnten sich waschen, bevor die deutschen Soldaten sie der Gestapo übergaben. Viele verschwanden. Welches Schicksal ihnen widerfuhr, ist leicht zu erraten. Die anderen brachte man in ein Lager.

Wie immer in gefährlichen Situationen bewies mein Vater starke Nerven: In einer kleinen Kammer entdeckte er einen Plan der Gegend und beschloss rasch zu handeln. Mit gestochener Handschrift verfasste er ein Schreiben und teilte der Kommandantur der nächst gelegenen Ortschaft mit, dass er durch einen Irrtum interniert worden sei und dringend ein *laissez-passer* benötige. Er plante diesen Brief jeden zweiten Tag neu abzuschicken, bis seine Geldmittel erschöpft wären. Ein Wunder geschah und bereits zwei Tage später befand er sich im Besitz des notwendigen Dokuments. Sein zuständiger Kommandant ließ ihn ziehen.

Nach dem Waffenstillstandsabkommen zwischen Frankreich und Nazi-Deutschland zogen deutsche Beamte durch die Lager und „befreiten wahre Deutsche" … Mein Vater gab sich als Deutscher aus und konnte daher ohne Fahrkarte mit dem Zug bis Paris reisen. Nachdem er sich dort Kleider beschafft hatte, fuhr er weiter an die Demarkationslinie bis vor Lyon, um ins unbesetzte Frankreich zu gelangen. Sein Ziel war natürlich Nizza, wo er uns vermutete.

Man musste kleine bis große Summen Geld bezahlen, um illegal über die Demarkationslinie zu kommen. Ein regelrechter Handel entstand zu dieser Zeit. Es sah nicht gut aus für meinen Vater. Aber wieder geschah ein Wunder, wie so viele damals: Neben dem Waggon stand ein leerer Schubkarren. Mein Vater krempelte die Ärmel seines Hemdes auf, belud den Karren mit dem Gepäck der französischen Reisenden, die die nötige Bescheinigung besaßen, um die Linie zu passieren. Während der Grenzposten die Dokumente kontrollierte, schob mein Vater, äußerlich seelenruhig, den Karren ins freie Frankreich, ließ ihn stehen und stieg in den Zug nach Nizza. Mager, mittellos, verlaust, aber glücklich, da der Hölle entronnen, kam er nach Hause. Wenn ich versuche diese Erlebnisse zeitlich einzuordnen, komme ich auf den Frühsommer 1940, die Zeit des Waffenstillstandes zwischen Pétain und Hitler.

Großmutter Trebitsch, Mutti und ich waren während dieser Zeit allein an der Côte zurückgeblieben, Großvater und Onkel Ernst befanden sich in einem Lager, Rudy und Many waren verschwunden. Alle Ausländer, so lautete eine neue Verordnung, sollten mindestens fünfzig Kilometer hinter Marseille „Aufenthalt nehmen". Wir waren ratlos, wussten nicht wohin und wovon wir leben sollten. Das Jüdische Hilfskomitee, so erfuhren wir, war dabei einen Zug zu organisieren, der uns hinter diese Linie bringen sollte. Wir schlossen uns an – und siehe da, hinter Marseille wurden die Waggons plombiert und militärisch bewacht in das Deportationslager Gurs in den Pyrenäen geführt! Wir schliefen in Holzbaracken auf Stroh und bekamen Affenfleisch mit Kichererbsen zu essen. Ausgesprochen feudal und ganz das, was wir erwartet hatten: Meine Großmutter hatte schließlich nur seidene Nachthemden mitgenommen …

Dann begannen die Franzosen, die ihnen feindlich erscheinenden Häftlinge zu selektieren.

Die meisten, die keine Tauschgegenstände besaßen, versuchten ihre Lage mit allen Mitteln zu verbessern. Viele Frauen wuschen sich ungeniert in aller Öffentlichkeit, in der Hoffnung, die Aufmerksamkeit eines Soldaten auf sich zu lenken und einen Vorteil daraus zu ziehen. Mutti und ich hatten wohlweislich eine Pelzdecke und zwei Kilogramm Zucker mitgenommen. Dieser Umstand machte unsere Situation leichter und bewahrte uns vor dem Äußersten.

Das Lager war in *ilôts* unterteilt, die wiederum Gräben und Stacheldrahtzäune trennten. Ein kleiner Zug durchkreuzte sie täglich, um die Latrinen zu leeren. Geführt wurden diese Wagen von Spaniern, die schon länger interniert waren und daher einige Privilegien besaßen. Einer dieser Spanier war blond und hieß Jesus. Mir ist entfallen, wieso ich gerade mit ihm ins Gespräch kam, sicher weiß ich aber, dass er mir Tee, Kaffee, Speck, Zigaretten und ähnliche Güter überließ und mir so viel Vertrauen entgegenbrachte, dass ich erst am folgenden Tag mit ihm abrechnen musste – ohne zusätzliche Abmachungen. Die Waren stammten aus dem Dorf, in das die Spanier gehen durften. Während sich meine Großmutter und Mutti um die Entlassung bemühten, wickelte ich meine kleinen Geschäfte ab. Wir hatten Kaffee, Tee und alles Notwendige, es fehlte uns an nichts. Wäre nicht die ständige Bedrohung durch Deportationen gewesen … ohne weiteres hätten wir trotz des katastrophalen Wetters – das Erdreich war vom endlosen Regen aufgeweicht – hier das Ende des Krieges abwarten können. Wir waren sehr bescheiden geworden …

Heute weiß ich, dass Gurs eines der schrecklichsten Lager Frankreichs war: Ursprünglich hatte man es für Spanier errichtet, die 1936 im Spanischen Bürgerkrieg gegen Franco gekämpft hatten. Als wir hingebracht wurden, war es bis auf ein paar weiterhin inhaftierte Spanier ein reines Frauenlager. Keiner kümmerte sich um die Internierten, wir waren vollkommen uns selbst überlassen. Ernährung, medizinische Versorgung und Unterkünfte existierten praktisch nicht, sehr viele krepierten an Krankheit, Hunger und Schwäche. Aber ich sah das nicht – ich war jung und dachte daran meiner Familie zu helfen …

Nach fünf Tagen hatten wir unseren Entlassungsschein. Großmutter bestand jedoch darauf im Lager zu bleiben. Man würde uns gewiss dort suchen. Sie hatte Recht: Nach drei weiteren Tagen holten uns Großvater und Onkel Ernst ab. Im Dorf Gurs bekamen wir ein gutes Essen. Dann ritten wir auf einem Esel nach Pau. Auf der Straße begegneten wir Kolonnen von Flüchtlingen, in Zivil und in Uniform. Es war eine grauenhafte Zeit. Eine Ausstellungshalle in Pau diente als Lager. Dort ruhten wir uns ein wenig aus, während Großvater sich an einen ihm bekannten Müller um Rat und Hilfe wandte. Er kehrte mit einem Taxi wieder. So fuhren wir nach Toulouse, in eines der besten Hotels am Platz namens „Raymond IV". Wie alle Hotels dieser Stadt und zu dieser Zeit waren alle Zimmer von Flüchtlingen belegt. Man erlaubte uns in der Hotelhalle zu schlafen. Wir waren völlig erschöpft, die Halle erschien uns als das Paradies. Am zweiten Tag avancierten wir und bekamen zu fünft ein Badezimmer, in dem wir uns wenigstens waschen konnten. Onkel Ernst schlief in der Badewanne – wir fühlten uns wie Könige. Meine Mutter machte die Bekanntschaft einer Lehrerin, die bereit war, uns beide in ihrem Doppelzimmer aufzunehmen, das sie alleine bewohnte (ein wahrer Luxus damals). Das Gefühl, nach so vielen Wochen wieder in einem richtigen Bett zu schlafen, war unbeschreiblich.

Auf den Straßen war Tag und Nacht viel los. In Südfrankreich sammelte sich der Großteil der Flüchtlinge in Toulouse, Marseille und Nizza. Die Menschen fanden meist keine Unterkunft und verbrachten die Nächte spazierenderweise. Die Gerüchtebörse in den Straßen hatte Hochbetrieb, wahre bzw. erfundene Informationen verbreiteten sich wie Lauffeuer. So wurde erzählt, dass man mit dem Entlassungsschein eines Lagers kostenlos die Eisenbahn benützen könnte. Den besaßen wir ja. Meine Mutter beschloss, dass wir uns nach Nizza aufmachen sollten. Dort würden wir am ehesten Vater treffen. Sollte er noch am Leben sein, suchte er uns gewiss nicht in Toulouse. Die Großeltern und Onkel Ernst hielten unser Vorhaben für verrückt und waren fest entschlossen in Toulouse auszuhalten. Wir zwängten uns in einen der seltenen und daher schrecklich überfüllten Züge und kamen so nach Nizza.

Auf dieser Reise, die unsagbar lange gedauert hat, schlief ich im Stehen, auf die Toilette zu gehen war unmöglich. Zu Hause angekommen verkaufte meine Mutter ihren Ehering, da wir nichts mehr besaßen, wovon wir Lebensmittel kaufen konnten.

Ein neuer Abschnitt unserer Emigration sollte beginnen.

*

Ich bestand die Abschlussprüfung der Grundschule und hätte nun ein Gymnasium besuchen können. Trotzdem legte die Schuldirektorin meiner Mutter nahe, mich einen Beruf erlernen zu lassen. Meine Eltern erlaubten mir einen Friseur-Kurs bei der ORT (*Organisation pour la reconstruction du travail*) zu machen. Ich kam mir sehr erwachsen vor und erschien eines schönen Tages mit flammend rotem Haar und einer weiß-blonden Strähne. Meine Mutter erstarrte vor Schreck. Ich aber hoffte auf diese Art zu gefallen, denn ich hatte es satt, immer nur Kumpel der Burschen zu sein, und wollte endlich wie andere Mädchen meines Alters Blumen oder Ähnliches geschenkt bekommen, nicht immer Schreibpapier oder Füllfedern …

Unser kärglicher Alltag spielte sich zwischen *popote* (Mittagstisch) und kilometerlangen Strudeln sowie dem Schwarzmarkt ab. Unannehmlichkeiten übergingen wir mit Humor und erzwungener Anspruchslosigkeit.

Eines Tages ertappte man meinen Vater und mich, als wir an einem „Süßwaren-freien Tag“ mit Zucker unterwegs waren. Nur freitags, samstags und sonntags war das erlaubt. Die Polizei ordnete daraufhin eine Hausdurchsuchung an. Diese wäre schlecht für uns ausgegangen, denn die Wohnung war ein riesiges Warenlager. Aber wir waren ja in Frankreich, und zumindest damals gaben sich Franzosen charmant und galant. Ich gab vor erschöpft zu sein und bat, mit der Straßenbahn nach Hause fahren zu dürfen. Es wurde mir erlaubt. Natürlich war ich viel schneller, mein Vater und die Polizei gingen ja zu Fuß. In Windeseile verfrachteten meine Mutter und ich sämtliche Vorräte auf die Stiegen des oberen Stockwerkes. Dort saß auch ich nun und wartete, bis die Polizei die Wohnung durchsucht hatte. Sie fand nichts – auch mich nicht, aber sie hatten auch nicht nach mir gefragt.

Kurze Zeit später erhielten wir anlässlich einer Vorladung eine *residence assignée* (vorgeschriebene Residenz) in Beaulieu s/mer, acht Kilometer östlich von Nizza, und mussten ein weiteres Mal übersiedeln. Mein Vater mietete eine Zweizimmerwohnung im Kellergeschoß einer Villa mit Gartenbenützung. Die Wohnung in Nizza gaben wir damals nicht auf, Beaulieu erschien mir unter diesem Gesichtspunkt wie eine Sommerfrische. Alles Positive übrigens, das sich mir bot, verstand ich zu genießen. Gewiss hatten meine Eltern riesige Sorgen, doch davon ließen sie mich nichts spüren. Wir waren arm, hatten kaum Kleidung anzuziehen, doch das Wetter war schön, das Meer blau und lau. Auch in diesem neuen Ort schloss ich bald Kontakte und meine Eltern fanden einen ihnen entsprechenden Kreis von Freunden: Man traf sich, saß im Garten bei nichts und wieder nichts und schmiedete Zukunftspläne. Mit meinen fünfzehn Jahren war ich im Begriff, die Kinderzeit endgültig zu verlassen, und fühlte dank der Umstände eine unbändige Freiheit. Bald waren wir eine ziemlich große Clique, die mit zugegeben einfachen Mitteln fischte und den Speisezettel damit abwechslungsreich gestalten konnte. Die Behörden hatten uns zwar untersagt Beaulieu zu verlassen, doch ich besuchte weiterhin meinen Friseur-Kurs und Papa fuhr „geschäftlich“ oft nach Nizza. Täglich nahmen wir in Beaulieu den Zug, der an jeder kleinen Station hielt, und verließen ihn in Riquier, einem Vorort von Nizza. Natürlich bevorzugten wir diesen kleinen Vorortebahnhof, weil die Kontrollen weniger häufig waren. Diese ausgezeichnete Ortskenntnis sollte uns das Leben retten.

Eines Tages fanden wir in unserer alten Wohnung auf dem Boulevard Gambetta eine Ladung der Polizei vor. Im Grunde hätten wir sie nie finden dürfen. Trotzdem beschloss mein Vater ihr Folge zu leisten. Er erhielt keinen Verweis, wurde nicht ausgefragt, sondern man verdonnerte ihn – das heißt die Familie Roth – zur *residence forcée* in Nizza. Es ist verständlich, dass wir deswegen zufrieden waren. So kamen wir wieder in unser Nizza und mussten nicht täglich „auf Reisen“ gehen. Die „Sommerfrische“ war zu Ende.

Naturgemäß schafften wir es nicht, ganz nach den Buchstaben des Gesetzes zu leben, und verbrachten unsere Wochenenden in Cap d'Ail bei meinem Großvater und Onkel Ernst.

Großmutter war leider in der Zwischenzeit an Lungentuberkulose gestorben.

Mein Großvater besaß damals eine sehr schöne Villa mit Garten und hatte, wie ich mich erinnere, fast denselben Lebensstandard wie in Wien erreicht. Er war Geschäftsmann durch und durch und handelte weiterhin, vor allem in Monaco, wo er mit der dortigen Mühle Verträge abgeschlossen hatte. „Vitalin"-Brot wurde bereits in den dortigen Geschäften angeboten. Er verfügte über gute, sehr einflussreiche Verbindungen. Onkel Ernst half ihm vor allem als Übersetzer. Opapa, ein echter Patriarch, war weit entfernt davon sein Imperium zu teilen, geschweige denn aus der Hand zu geben.

Diese Wochenenden waren für mich nicht sonderlich vergnüglich, aber ich fuhr brav mit, über etliche Monate. Und zwar genau bis Oktober 1942.

*

Gerade von einem solchen Wochenende zurück in Nizza, erhielten wir Großvaters Order sofort nach Cap d'Ail umzukehren. Damals besaß ich einen Zwergpekinesen namens Titan, den ich an einer langen Leine führte. Der Bahnhof von Cap d'Ail befand sich am anderen Ende der Stadt. Singend marschierten wir mit dem „Kettenhund" bis zur Villa *Les Fauvettes*. Dank seiner guten Kontakte hatte Großpapa erfahren, dass für diese Nacht eine Razzia in seinem Haus geplant war. In der Nachbarvilla, die dem Pfarrer gehörte, hatte er für uns vorsorglich ein Zimmer gemietet. Ich wurde zu Bett geschickt. Tatsächlich kam es zu der Razzia und Onkel Ernst wurde verhaftet. Selbst Großvater mit seinen Beziehungen konnte nichts für ihn tun. Wir sorgten uns enorm. An einem der folgenden Tage erfuhr ich in einem Gespräch mit der italienischen Bedienerin, dass ihr Bruder in der Nähe der Schweizer Grenze lebt.

Dieser Frau haben wir zu verdanken, dass wir wohlbehalten in die Schweiz flüchten konnten. Wir fuhren ohne Papiere wie *laissez-passer*, Pass oder Ähnliches von Nizza nach Aix-les-Bains. Im Zug trafen wir Bekannte auf der Flucht, in deren Gesichtern Angst zu erkennen war. Das konnte gefährlich werden: *Laisser-passer*-Kontrollen wurden stichprobenweise durchgeführt, man musste so gelassen wie möglich aussehen. Einige verließen den Zug …

Auf dieser Flucht haben uns wieder Großvaters Beziehungen sehr geholfen. In Aix-les-Bains erwartete uns ein befreundeter Journalist. Er brachte uns in einem guten Hotel unter, verköstigte uns in einem erstklassigen Restaurant und abends besuchten wir eine Vorstellung, in der seine Frau als Sängerin auftrat. Tags darauf – meine Eltern wollten den Bogen nicht überspannen – stiegen wir in den Zug nach Chamonix, wo uns der Bruder der Bedienerin in Empfang nehmen sollte. Das tat er auch. Ja, noch viel mehr: Er hatte für uns ein Hotelzimmer reserviert und organisiert, dass sein Sohn uns bis zur Schweizer Grenze brachte. Wir mussten besonders vorsichtig sein, da dieses Gebiet bereits als *zone franche* – Grenzgebiet – galt. Der junge Mann, der uns durch die Nacht und entlang der elektrifizierten Schienen führte, trug unser Gepäck, das wir auf das Äußerste reduziert hatten. Unsere gesamte Habe bestand aus der Geige, den drei Schichten Kleidung, die wir am Leib trugen, und etwas Wäsche zum Wechseln. Als es tagte, befanden wir uns auf einem Berg, und der junge Mann beschrieb uns den Weg geradeaus weiter zur Schweizer Grenzwache. Wir gingen bergab durch einen Wald, wo wir – auch das werde ich nie vergessen – eine ganze Tafel Schokolade fanden. Im Tal trafen wir auf einen Hirten, den wir nach der nächsten Eisenbahnstation befragten. „Da, den Berg hinauf und dann wieder hinunter. Es ist nicht mehr sehr weit!“, antwortete er und wir machten uns auf den Weg.

Vielleicht wäre die Strecke für geübte Wanderer oder Sportler zu bewältigen gewesen, uns raubte sie die letzten Kräfte. Trotzdem wollten wir unbedingt nach Bex-les-Bains im Waadland, wo mein Großvater Bekannte hatte, die uns weiterhelfen sollten. Ein letzter Berg lag vor uns. Es war heiß geworden und wir beschlossen die Nacht in einem kleinen Hotel zu verbringen und erst tags darauf den beschwerlichen Abstieg zu wagen.

Wie alle grenznahen Berge in der Schweiz war auch der Forclaz von Soldaten besetzt und bewacht. Mein Vater hatte seine Geige mitgenommen – wir machten den Eindruck einer wandernden Künstlerfamilie und so freuten sich sämtliche Grenzposten auf den lustigen Abend, den mein Vater ihnen versprochen hatte. Einer der jungen Leute warnte uns und riet zum sofortigen Abstieg, denn stündlich trafen Beamte des Grenzwachtkorps ein und es konnte uns die „Ausschaffung“ nach Frankreich blühen. Völlig übermüdet machten wir uns auf den Weg und erreichten mit Müh und Not den Bahnhof von Martiny. Opapa hatte uns etwas Schweizer Geld mitgegeben. Davon kauften wir Fahrscheine nach Bex-les-Bains. Unbeschreiblich schön erschien uns das Hotel in Bex, wo wir endlich, beinahe furchtlos, einschlafen konnten. Am nächsten Morgen bemühten wir uns Mutti nicht zu wecken und machten uns alleine auf den Weg zu den Brüdern Ascher. Opapa hatte uns ans Herz gelegt sie um Hilfe zu bitten.

Bis zu diesem Moment war auf unserer Flucht alles wie durch ein Wunder gut gegangen. Niemand hatte nach unseren Papieren gefragt; einfache, gute Menschen, die Leben retten wollten und nicht an ihren Vorteil dachten, boten ihre Hilfe an. Ein Anruf von den wohlhabenden und frommen Aschers aber genügte, um von der Fremdenpolizei in ein Internierungslager gesteckt zu werden. Zum Glück wurden wir nicht zurück an die Grenze gebracht. Wir kamen wieder nach Martiny und wurden aufgeteilt: Papa nach Büsserach bei Basel und Mutti und ich in das Auffanglager in Bex nahe den Aschers. In dieser Situation war es allerdings unmöglich für uns geworden, an Opapas Kapital heranzukommen, das uns ein freies Leben während der Kriegsjahre in der Schweiz ermöglicht hätte. Später wurde uns das Motiv für Herrn Aschers Anruf bei der Polizei klar: Für jeden Inhaftierten erhielt man damals eine Entschädigung. Wir waren unter militärischer Bewachung und besaßen nur das eine Recht: zu leben.

Damals erschien uns das sehr wenig. Heute wissen wir von dem Entsetzlichen, das sich um uns herum abspielte; und wir wissen, dass zu leben das Wichtigste war. All die Unannehmlichkeiten, mit denen wir zu kämpfen hatten, sind im Rückblick Lappalien.

Nach einigen Monaten, es war Januar 1943, wurde meine Mutter in das Arbeitslager in Brissago im Tessin versetzt. Mein Vater befand sich mittlerweile im Arbeitslager Hedingen bei Zürich, ich kam in ein Heim der *Jugend-Alija* (*Alija* bedeutet Einwanderung nach Israel) bei Genf. Somit waren wir in drei Teilen der Schweiz verstreut. Ich hatte Glück, denn meine Großmutter väterlicherseits lebte in Genf, gemeinsam mit meiner Tante Margit, die hochschwanger in die Schweiz geflüchtet war. Sie blieben – dank reiner Menschlichkeit und ohne Beziehungen oder Geld. Natürlich lebten sie sehr, sehr arm.

Das Leben in den Schweizer Arbeitslagern war paradiesisch verglichen mit jenem in den Todeslagern der

Deutschen, Polen oder Österreicher. Wir Flüchtlinge erhielten sogar eine Entlohnung von sechzig Rappen pro Tag und alle sechs Wochen die Erlaubnis zu einem Familienurlaub von drei Tagen inklusive bezahlter Bahnfahrt zu den nächsten Verwandten. Unsere besondere Sorge galt der Familie: Wir wollten einander unter keinen Umständen aus den Augen verlieren. So nahmen wir jedes Mal, wenn es uns gestattet war, weite Wege auf uns, um uns zu treffen. Mutti und Papa fehlten mir entsetzlich. Das Leben war hart und unerbittlich, doch trotz allem bescherte es mir Liebe und Nestwärme.

Die Schweiz glich damals einer Mausefalle, die jederzeit zuschnappen konnte. Meine Eltern versuchten mit Eingaben zu bewirken, dass wir zusammen in ein Lager kamen. Ich kann mich nicht entsinnen, dass wir dies alles in Traurigkeit ertrugen. Wenn wir miteinander waren, war es immer hell. Und wir durften nicht klagen, denn uns war die Flucht geglückt. Nicht so meiner Tante Edith und ihrem Mann Moritz, nicht Onkel Poldi, Tante Blanka und deren Sohn Carl, den ich nach dem Krieg meinen Bruder nannte.

Meine Mutter fand für mich einen Platz als Rot-Kreuz-Kind bei einer Familie in Ascona. Das war der offizielle

Titel. In Wahrheit verwendete man mich als Dienst- und Kindermädchen. Frau Cossi arbeitete als Krankenschwester und erwartete von mir, ihre Wohnung sauber und steril zu halten. So eine Haushaltsausbildung, gründliches deutsch-schweizerisches Putzen, hätte ich zu Hause nie gehabt. Zudem lernte ich Italienisch, gewöhnte mir jedoch im Umgang mit den entzückenden Kindern – das Mädchen war etwa fünf Jahre, der Bub sechzehn Monate alt – einen Tessiner Dialekt an. Die erste Zeit bei den Cossis war besonders bitter, obwohl Mutti jede Woche zu Besuch kam. Brissago und Ascona liegen am Lago Maggiore, der für mich das Meer ersetzte, und etwa acht Kilometer voneinander entfernt.

Seit unserer Flucht über die Berge litt ich infolge der psychischen Belastungen an hormonellen Störungen. Nach etwa einem Jahr endete mein Status als Rot-Kreuz-Kind ohne jeglichen Anspruch und ich kam in die Kategorie der „normal“ internierten Flüchtlinge, die zwar nicht sonderlich viel Rechte besaßen, aber jedenfalls mehr als ein Kind.

Das Leben bzw. meine Situation begann sich damals für mich zu normalisieren: Ich hatte Arbeit, ein sauberes Bett, genug zu essen, besaß ein, seltener zwei Kleider und Sandalen, konnte die Sonne genießen, ebenso den Lago, der mich an das Meer erinnerte, und die Verehrer, die sich einstellten. Ich war zu unwissend und zu jung mit meinen siebzehn Jahren, um mir Sorgen zu machen. Wohl bekam ich die Schwierigkeiten mit, die meine Mutter mit der Lagerleiterin von Brissago hatte. Lange Zeit war ich auf mich gestellt gewesen und hatte gelernt, so gut es ging für mich selbst zu sorgen und ein starkes Ego zu entwickeln. Diese Erkenntnis muss besonders für meine Mutter schmerzhaft gewesen sein: Schon längst war ich nicht mehr das „folgsame Kind" und ihrer Autorität entglitten.

Ich kam ins Arbeitslager nach Brissago. Das Lager war eine Großwäscherei für fünf Männerlager und im Grandhotel Brissago untergebracht. Gewiss, es war ein Lager, aber in keiner Weise zu vergleichen mit den schrecklichen Konzentrationslagern in Deutschland oder selbst den Arbeitslagern in Frankreich.

Einhundertachzig Frauen und zwanzig Männer waren dorthin bestellt und unterstanden einem Lagerleiter und seiner Frau und einem Buchhalter. Wir wurden in Zimmern untergebracht und in Arbeitsbrigaden für Haudienst, Küche, Service, Wäscherei, Bügeltisch und Garten eingeteilt. Zu Anfang war mir keine Arbeit zu minder, ob Hausarbeit, Putzen der Toiletten oder das Umschichten des Kohlenkellers. Dank meiner Jugend schaffte ich alles mit Leichtigkeit und Humor. Da ich Frisieren bei ORT gelernt hatte, unterstützte mich diese Organisation mit einem Trockenapparat. Täglich, noch vor dem Frühstück, „durfte“ ich die Lagerleiterin frisieren oder ihr neue Wasserwellen legen. Dafür trug ich zweimal zwölf Liter kochendes Wasser von der Waschküche im Souterrain in den ersten Stock. So konnte ich mit der wichtigsten Person des Lagers reden. Das verschaffte mir Vorteile. Damit mehr Zeit für die Pflege übrig blieb, wurde ich zum Geschirrwaschen eingeteilt.

Das Geld, das ich als Friseurin verdiente, ging in die Gemeinschaftskasse, und das Honorar des örtlichen Coiffeurs, mit dem ich ein Abkommen für die Dauerwellen getroffen hatte, blieb mir. Als die Alliierten in Italien landeten, wurde eine Ausgangssperre von zehn Uhr abends bis sieben Uhr Früh verhängt, da wir uns nur ein paar Kilometer von der italienischen Grenze entfernt befanden. Mir jedoch war, dank meiner Dienste bei der Lagerleiterin Frau Höni, erlaubt auszugehen.

Die Zeit verging rasch. Die Lagerleitung wechselte und eine bigotte Familie ohne Verschönerungswünsche kam ans Ruder. Meine Eltern und ich wurden zunehmend nervöser und wollten nicht länger auf die Repatriierung nach Frankreich warten. Wir beschlossen wiederum illegal über die Berge „nach Hause“ nach Nizza zu gehen.

Zu Jom Kippur jedoch wurde ich in das Spital von Locarno eingeliefert, nachdem ich, wie es Tradition ist, gefastet hatte. Ich hatte bereits davor diverse ärztliche Behandlungen im Lager und in den Krankenhäusern von Bellinzona und Zürich erhalten, doch meine hormonellen Störungen waren immer noch virulent. Plötzlich bekam ich hohes Fieber und einen heimtückischen Ausschlag, der sich später als Allergie entpuppten sollte. Trotz verschiedenster Diagnosen und Therapien bekamen die Ärzte meine Krankheit nicht in den Griff und so musste ich drei bis vier Monate im Spital bleiben.

Das Spital in Locarno wurde von geistlichen Schwestern betreut, die ganz entsetzt über meinen Tessiner Dialekt waren. Sie gaben sich Mühe mir ordentliches Italienisch beizubringen, wofür ich ihnen noch heute dankbar bin. Sie kümmerten sich ebenso rührend um mich wie meine Eltern und darüber hinaus auch deren Freunde, die sie in der Zwischenzeit gefunden hatten.

Vaters Eingaben hatten Erfolg gehabt: Die Behörden überstellten ihn nach Mezzovico bei Lugano. Überquerte man von Brissago aus den Lago und die anschließenden Berge, kam man in dieses „wichtige", etwas nördlich von Lugano gelegene Dorf. Wir lebten nun alle drei nahe voneinander in Brissago und waren sehr glücklich darüber. Das Tessin ist bestimmt eine der schönsten Landschaften dieser Erde. So empfand ich es damals und so sehe ich es auch heute noch.

*

Wir benützten einen so genannten Urlaub nach Genf, um über die Grenze nach Thonon zu entwischen. Auch andere Flüchtlinge hatten dies vor. Wir alle glichen den Leuten der *Maquis*-Bewegung (*Résistance*) und nützten die Gunst der Stunde. Es war März 1945, in den Bergen lag Schnee und die Tage waren kurz. Wir folgten den Telegrafenmasten, die uns zu einer Ortschaft führten. Die Verdunkelungsmaßnahmen galten weiterhin, da der Krieg noch wütete. Die Gruppe, der wir uns angeschlossen hatten, mietete einen Schlitten. Wir beschlossen zu Fuß zu gehen, da es entsetzlich kalt war. In einer Ortschaft wollte man uns zurückschicken, in einer anderen beleuchtete ein Gendarm für mich das ganze Dorf. Tags darauf in Thonon landeten wir in einem Auffanglager, das in einem Bordell untergebracht war. Wer kann schon von sich erzählen, er sei mit seinen Eltern in einem Bordell gewesen? Von dort verständigten wir meinen Großpapa in Monaco. Von der Kommandantur der *Résistance* erhielten wir die nötigen Papiere und bestiegen einen Zug nach Nizza. Bei unserer Ankunft erwarteten uns Großvater und Onkel Ernst im Auto mit Chauffeur. Es entzieht sich meiner Kenntnis, wie mein Großvater das wieder geschafft hatte. Ich erinnere mich, dass er wie eine Katze war, die immer auf die Beine fällt. Die Villa *Les Fauvettes* in Cap d'Ail gehörte wieder ihm, ferner nannte er eine Villa sowie eine Villenetage in Monte Carlo sein Eigen und hatte für uns ein Haus am Rocher von Monaco gemietet, etwa dreihundert Schritte vom Palast des Fürsten entfernt. Er selbst wohnte in der Villenetage und hatte zu unserer Begrüßung ein Essen mit allen Schikanen vorbereiten lassen. Ein Hausmädchen servierte auf schönem Porzellan, wir tranken edlen Wein aus Kristallgläsern. Recht ärmlich und elend kamen wir uns vor – und waren es auch, zweifelsohne.

Großvaters Pläne für uns sahen so aus: Papa sollte nun nicht mehr mit ihm, sondern bei ihm arbeiten, Mutti zu Hause bleiben und ich eine Schule besuchen, und zwar das Lycée de Monaco. Unseren Besuch wünschte er nur nach Voranmeldung. Die eigentliche Dame des Hauses war seine Sekretärin Madame Gries. Wie meiner Mutter zumute gewesen sein muss, kann ich mir heute lebhaft vorstellen. Als braves Mädchen von siebzehn Jahren erfüllte ich die Wünsche Großvaters und meiner Eltern und bemühte mich um gute Schulnoten, war aber nicht mehr so hervorragend wie früher. Das letzte Semester der *Seconde* schaffte ich mit Fleiß.

*

Der Krieg war endlich vorbei, den Sieg der Alliierten feierten wir lautstark auf den Straßen. Die Sonne schien wieder – auch für mich. Ich hatte mein wunderschönes blaues Meer wieder, einige Verehrer und war sehr glücklich. In den Ferien wollte ich mein Englisch verbessern und, wie gewöhnt, Geld verdienen. Monaco war *off limits* für die 20.000 amerikanischen Soldaten auf Urlaub. In Nizza gab es Arbeit für mich und die

Möglichkeit, an den Fünfuhr-Tees des Roten Kreuzes teilzunehmen. Wenn man ein ordentliches Mädchen war, bekam man Karten zur *Teatime* geschenkt. Ich fand eine Stelle beim *American Express*, wurde im Schnelltempo als *guide*, das heißt als Fremdenführerin ausgebildet und hatte mich um GIs zu kümmern. Zu Mittag gab es die Verpflegung in der Kantine oder gemeinsam mit den Gruppen, die wir führten. Der Verdienst war nicht überragend hoch, aber es war eine lustige und harmlose Beschäftigung und ich genoss die Freiheit. Als Großvater davon erfuhr, gab es einen riesigen Krach und er beorderte mich zu sich.

Eines Tages sollte ich nach Nizza fahren und versäumte den Autobus, der nicht häufig verkehrte. Die Herausforderung eines Mitschülers annehmend fragte ich kühn zwei amerikanische Militärpolizisten, ob sie mich nach Nizza bringen würden. Sie führten mich, und daraus ergab sich meine Verlobung mit Jerry Cziner aus Yonkers/New York. Das Ganze hätte natürlich schlecht ausgehen können.

Beide Militärpolizisten kamen zu uns auf den Rocher von Monaco zum Tee und bald ging die ganze Station bei uns ein und aus. Jerry bat meine Mutter, mich in die Oper nach Nizza ausführen zu dürfen, und da ich danach bei Onkel Rudy übernachten konnte, erhielten wir die Erlaubnis. Solange Jerry beim Militär war, konnte von einer Heirat nicht gesprochen werden. Meine Mutter hatte auf jeden Fall über Verwandte Erkundigungen über Jerrys Familie eingeholt. Ich fühlte mich gut und bemerkte nicht, dass mein Vater unter dem ausgesprochenen Diktat des Großvaters gelitten haben muss.

Damals kam Charlot zu uns und wurde von Mutti und Papa adoptiert, da seine Eltern in Auschwitz umgebracht worden waren. Als uns die Idee zur eigenen „Fabrik“ kam, die wir später in Nizza tatsächlich gründeten, stellten wir gemeinsam aus einem Kilo Würfelzucker, den wir auf Kredit erworben hatten, Vanillezucker her. Papa verkaufte die Ware an Lebensmittelgroßhändler. Zum Verpacken bestellten wir kleine Kartons und Säckchen. Alles machten wir händisch. Die Kunden mussten ihre Bestellungen im Voraus bezahlen, da wir ja kein Betriebskapital hatten. Als mein Vater merkte, dass damit ein Geschäft zu machen war, zogen wir zurück nach Nizza in die Wohnung am Boulevard Gambetta. Unser Lebensunterhalt war bis auf weiteres gesichert.

Mit meinem ersten maßgeschneiderten Ballkleid auf dem Ball in der Oper von Nizza, Karneval 1947

Inzwischen hatte ich die Matura bestanden und mit meinem Großvater eine ernste Unterredung geführt, denn er war bereit mir ein Studium zu finanzieren, allerdings jenes der Lebensmittelchemie. Da ich ablehnte – mein Interesse galt der Politik –, war er sichtlich froh, dass ich meinen Eltern nach Nizza folgte und dort Philologie inskribierte. Ich habe es bald abgebrochen, da es mir unter den gegebenen Umständen weltfremd erschien. Charlot, mein Bruder, besuchte das Lycée du Parc Imperial und wollte Flugzeugmechaniker werden. Das war schon vernünftiger und die Eltern waren mit seiner Wahl einverstanden.

Neben dem „Studium" arbeitete ich hauptsächlich mit meinem Vater. Wir hatten eine Ges.m.b.H. mit Sitz in 6, Impasse St. Laurent gegründet und nannten uns *Fabrique de Produits Alimentaires.* Unsere Produkte à la Oetker – Vanillezucker, Pudding und Kartoffelmehl – liefen unter *Mon Preferé.* Bei unserer Kundschaft waren wir beliebt, das Geschäft ging gut und wir waren sehr zufrieden. Mutti bekam schöne Geschenke, Schmuck und Pelz, und ein Mädchen half ihr bei den schweren Arbeiten.

Jerry war demobilisiert worden und versuchte mich von Yonkers aus zu verwöhnen. Ich konnte nicht brav zu Hause sitzen und auf ihn warten … So geschah es, dass ich einen Franzosen kennen lernte, mich verliebte und meine Verlobung mit Jerry löste. Er schrieb mir unglückliche Briefe, aber ich blieb dabei. Meine Eltern waren gegen eine ernste Bindung mit Jean, dem Christen. Ich fühlte mich als Französin und akzeptierte dieses Argument nicht. Dennoch wurden nun ununterbrochen junge Juden zu uns eingeladen, angeblich alles Freunde von Onkel Ernst, der in Paris lebte. Unerfreuliche Szenen zwischen den Eltern und mir folgten, auch komische mit den geladenen Kandidaten. Ein Herr etwa erschien in blauem Wintermantel und mit grünem Hut und gab ganze Nachmittage auf der Geige meines Vaters Melodien zum Besten.

Schon immer hatte es zionistische Tendenzen in unserer Familie gegeben. Ich war seit je von dieser Idee fasziniert und hatte das immer bekundet. In Nizza existierte damals ein jüdischer Jugendclub namens JIN, *Jeunesse Israélite de Nice*, in dem ich aktiv war. In einem Hinterzimmer diskutierte ich mit Gleichgesinnten über einen Staat Israel. Als die *Exodus* im Mittelmeer herumirrte, waren wir Tag und Nacht auf den Beinen, um jede denkbare Hilfe zu leisten.

Eines Tages bekamen meine Eltern Besuch aus Israel, damals Palästina, und zwar Peter, den Bruder von Charlots verstorbener Mutter, und dessen Frau Rifka. Ihre Berichte begeisterten mich und ich beschloss nach *Zion* (im engeren Sinn Tempelberg in Jerusalem, im weiteren Sinn Land Israel) auszuwandern. Noch hatte ich keine Ahnung, wie ich mir das leisten konnte oder wie ich meinen Entschluss vor den Eltern rechtfertigen sollte. Das Schicksal kam mir zu Hilfe, wie so oft in meinem Leben.

Die *Fabrique de Produits Alimentaires* ging nicht mehr so prächtig und mein Vater versuchte es mit einem zweiten Geschäft. Dafür nahm er einen Sozius auf. Sie erzeugten Suppe in Säckchen, Kakao in Pulverform und Schokoladeschnitten. Die gelieferten Waren waren eindeutig von schlechter Qualität. Die Rechnungen – und die Reklamationen – aber wurden über die *FaPro-Ali* erstellt. Ich war sehr böse, denn unser guter Ruf war dahin. Es kam zu einem Krach zwischen meinem Vater und mir. Ich nützte die Gelegenheit und erklärte meinen entsetzten Eltern, dass ich nach Palästina auswan-

Im Winter 1947 auf der Plage von Nizza

dern wolle: Dort war die Heimat der Juden, nur dort konnte so etwas wie die *Exodus* verhindert werden, dort konnte man sich mit der Waffe in der Hand verteidigen und nicht wie Vieh in die Gasöfen getrieben werden – und dort würde ich einen Juden heiraten! Ich glaube, dieses letzte Argument war ausschlaggebend. Dennoch erklärte mir Papa, dass ich die finanziellen Mittel für mein neues Leben alleine aufbringen müsse. Ich nannte das „Erpressung“, die ich nicht gelten lassen konnte. So ließ ich meine Beziehungen beim *American Express* spielen, wurde als Fremdenführerin eingestellt und verdiente genug, um ohne Hilfe der Eltern zu emigrieren. Für die Schiffsüberfahrt gab mir die *Jewish Agency* einen Vorschuss. Das alles passierte im Dezember 1947.

*

Vor Pessach 1948 war es so weit. In Marseille bestieg ich die *Negba* nach Israel. Auf dem Schiff befreundete ich mich mit einem anderen jungen Mädchen und gemeinsam verbrachten wir eine schöne Zeit. Wir erhielten eine mit Leder bespannte Kabine zugeteilt und einen eigenen Steward. Täglich gab es Partys und Vergnügungen – die Woche der Überfahrt war rasch um.

Als wir in Haifa landeten, war unser Gepäck verschwunden, aber zum Glück holten mich Rifka und Peter ab und brachten mich nach Tel Aviv. Einige Tage später entdeckte ich meine Koffer in einem Gepäckslager in Haifa. Bei dieser Gelegenheit sah ich auch die *maabarot* – schon wieder Auffanglager! –, vor denen mich Rifka und Peter bewahrt hatten.

Schnell fand ich in der Gordon Street in Tel Aviv ein Zimmer, das ich mit einem anderen Mädchen teilte. Sie war viel unterwegs, gut für mich. Als gelernte Friseurin bekam ich schnell Arbeit, wurde aber natürlich schlecht bezahlt, da ich ein *greenhorn* war. Meine Unterkunft kostete mich fünfzehn Pfund und bei Pnina in der Ben Jehuda verdiente ich achtzehn Pfund pro Monat. Trotzdem: Innerhalb von zwei Wochen hatte ich für mich ein halbes Zimmer mit Frühstück, Arbeit und das Mittagessen bei Rifka, die in nächster Nähe wohnte, geschafft. Dafür händigte ich ihr meine Lebensmittelkarten aus. Außer dem erwähnten Lohn bekam ich Trinkgeld, sodass auch alles andere gesichert war.

Mein Leben normalisierte sich und alle Beteiligten waren zufrieden. Schnell fand ich einen netten Kreis von Freunden und wusste mich zu integrieren. Bald stellten sich zu meiner großen Zufriedenheit Verehrer ein …

Die Stimmung im Land war einmalig: Am 14. Mai 1948 wurde der Staat Israel ausgerufen. Es war berauschend, wir tanzten vor Freude, das großartige Gefühl von „Gleichheit, Freiheit, Brüderlichkeit“ hob uns für kurze Zeit in den Himmel. Wir alle besaßen nicht viel – doch das war in diesem Augenblick und noch lange Zeit danach unwichtig. Wir wollten ein Land aufbauen, jeder Schritt wurde diskutiert, bevor man ihn setzte.

Wenn ich heute an diese Zeit zurückdenke, war sie bestimmt eine der schönsten meines Lebens.

Trotzdem war meine Sehnsucht nach den Eltern groß. Bei ihnen stand es, so erfuhr ich aus den Briefen, nicht zum Besten. Mein Großvater, der während des Exils in Frankreich immer wieder seine schützende Hand über uns gehalten hatte, war an Blinddarmdurchbruch gestorben. Onkel Rudy, der jüngste Bruder meiner Mutter, hatte sich von seiner ersten Frau Many getrennt. Papa, der von Anfang an unter starkem Heimweh gelitten hatte, war Hals über Kopf nach Wien gereist und hatte sein Geschäft im Stich und Mutti und Charlot ohne finanzielle Sicherheit in Nizza zurückgelassen.

Mutti war weder fähig, die Erbschaft ihres Vaters anzutreten, noch die *FaProAli* zu leiten.

Ich wollte unter allen Umständen nach Hause, nach Nizza. Zu dieser Zeit war das sehr kompliziert, denn der Staat Israel und die *Jewish Agency* förderten naturgemäß die *Alija* und machten Schwierigkeiten, wenn man das Land verlassen wollte. Dazu musste ich mein Leben, das ich mir so rasch und tüchtig einzurichten verstanden hatte, zerstören. Ich gab meine Arbeit auf, kündigte mein Zimmer und zog zu Raymond Litwinsky, dem Freund eines Professors aus dem Lycée de Monaco, den ich in Israel zufällig traf. Für ihn führte ich den Haushalt und fand so Zeit, die notwendigen Behördenwege zu erledigen. Da ich ja noch immer meinen österreichischen Pass besaß, brauchte ich ein Visum für Frankreich.

Im französischen Konsulat lernte ich Benjamin kennen. In den folgenden Wochen trafen wir uns sehr oft und die gegenseitige erotische Anziehung war so groß, dass wir beschlossen zu heirateten – ohne Zustimmung seiner oder meiner Familie. Rifka warnte mich, aber ich wollte nicht hören.

Der Termin für die Hochzeit wurde von einer *Rebbezen* (Frau eines Rabbis) aus Petach Tikwa festgelegt.

Ich musste, den Riten entsprechend, vor der Verehelichung in die *Mikwe* (rituelles Tauchbad) – das war mir fremd und ich hatte nie zuvor davon gehört, geschweige denn eine gesehen, und schon gar nicht benützt.

Das Fest verlief armselig, dafür gab es eine tolle Hochzeitsnacht. Am nächsten Tag bestieg ich das Schiff, das mich nach Europa brachte.

Meinem Vater dürfte zwischen dem letzten an mich gerichteten Brief und meiner Ankunft in Europa doch einiges klar geworden sein. Er kehrte nach Frankreich zurück. Gemeinsam übersiedelten Mutti, Papa und Charlot nach Paris. Aus diesem Grund blieb ich nur für kurze Zeit.

Damals stellte ich fest, dass ich schwanger war. Meine Eltern wollten mich unter keinen Umständen allein die beschwerliche Passage nach Israel machen lassen. Dennoch bestieg ich vor ihnen ein Schiff, sie folgten mir etwas später nach.

Meine Eltern taten sich schwer in Israel: Dort sollte man überall anpacken, wo es gebraucht wurde, und durfte sich nicht zu fein dafür fühlen. Papa wusste leider alles besser und Mutti konnte nicht vom hohen Ross steigen. Charlot bekam der Aufenthalt bei der Luftwaffe nicht gut. Natürlich konnte er dort schnell Land, Leute und Sprache kennen lernen – doch wie meine Eltern war er durch und durch Europäer. Israel liegt eben im Orient – mit all seinen Vorteilen und Nachteilen.

Benjamin hatte kein Geld für eine eigene Wohnung. So zogen wir in das Zelt seiner großen Familie in einer *maabara* bei Petach Tikwa. Als der Geburtstermin näher rückte, verging mir langsam der Humor und mir wurde bewusst, welche Pflichten auf mich warteten, und dass ich keine Ahnung von Babys hatte …

Durch Protektion bzw. Bestechung brachten wir es immerhin zu einem eigenen Zelt – endlich konnte ich mich zurückziehen! Ich benötigte das dringend, denn schon damals liebte ich nicht alle Menschen …

Eines Schabbats, als ich mich schrecklich elend fühlte, behielten sie mich gleich im Spital. Es war wohl so weit, obwohl kein Fruchtwasser abgegangen war. Ich lag in einem verdunkelten Raum mit vielen anderen Gebärenden, die hemmungslos weinten und schrien. Das missfiel mir. Ein bisschen Schmerz sollte man schon aushalten können, dachte ich, und machte Kniebeugen, als mein Bauch zu ziehen begann – bis mich eine Krankenschwester anbrüllte. Höflich waren sie dort nicht. Nach einer langen Nacht brachte ich einen gesunden Buben zur Welt, allerdings um drei Wochen zu früh. Fünf Stunden lang kümmerte sich niemand um mich, bekam ich weder zu essen noch zu trinken, bis man mir mein Kind zeigte, voll von Schleim, so wie es geboren war. „Gott, ist der hässlich!", sagte Mutti. Das habe ich ihr nie verziehen. Mir hat Awy gleich gefallen und ich liebte ihn sofort über alles.

Rasch schickte man mich nach Hause. Da ich ihn nicht stillen konnte, musste ich täglich um Kuhmilch gehen, die mir einmal sogar gewaltsam entwendet wurde. Sie war rationiert und nur für Säuglinge bestimmt, doch selbst dann war oft zu wenig vorhanden.

Von der Schwiegerfamilie wurde ich überhaupt nicht unterstützt. Ich glaube, sie lehnte mich sogar ab. Eines Tages packte ich mein Kind und fuhr nach Raanana zu den Eltern. Auch dort konnten Benjamin und ich nicht lange bleiben. Mit Hilfe von Vitamin P (für Protektion), nach wie vor wichtig in Israel, erhielten wir einen *zrif*, eine Holzhütte von vier mal vier Metern, mit einer

Mein Sohn Awy als Baby, 1953

Tür und einem Fenster. Trotz höchster Sauberkeit kamen die Wanzen, aber man lebte. Täglich erhielt ich ein Lebensmittelpaket von meiner treu sorgenden Familie aus dem Ausland …

Meine Eltern fühlten sich, wie ich erwähnt habe, in Israel nicht zu Hause und kehrten 1950 nach Wien zurück. Das kann ich heute sehr gut verstehen. Damals verstand ich es nicht und hoffte, sie würden mir wenigstens mit einem Geldbetrag zu einer kleinen Wohnung verhelfen. Ich hatte entdeckt, dass Benjamin sein als Bankdirektor verdientes Geld beim Pokern ausgab.

Schließlich fanden wir eine nette Wohnung im Süden Tel Avivs und richteten sie ein – übrigens mit dem Geld meiner Eltern. Als eines Tages die Senkgrube voll war und nicht geleert wurde, verkauften wir alles und zogen in ein Zimmer auf dem Dach in der Nachlat Binjamin. Schrecklich: ohne finanzielle Mittel, kein Vergnügen … Mein einziger Lichtblick waren die Besuche bei einem bulgarischen Zahnarzt, der Benjamin sehr mochte und uns mit Awy einlud. Er hieß Assa und wohnte in der Rechov Herzl.

Ich verstand nicht, mir das Leben in Israel angenehmer zu machen, und Rifka gab mir keine Tipps, sie verhehlte zudem nicht ihre Schadenfreude.

Immer wieder tauchten hormonelle Probleme auf, ich nahm ständig an Gewicht ab und begann meine Zähne zu verlieren. Damals war ich erst 23 Jahre alt. Doktor Assa und ein Frauenarzt rieten mir nach Europa zurückzugehen. Was lag näher, als zu meinen Eltern nach Wien auf Urlaub zu fahren? Um mein Kind mitnehmen zu können, bot ich Benjamin einen goldenen Ring und eine Fotoserie von Awy an.

Das war gewiss der beste Tausch meines Lebens, aber das wusste ich damals noch nicht … Benjamin akzeptierte diesen Handel und so schifften wir uns auf der *Kedima* nach Genua ein.

Papa erwartete uns nach der mühsamen Überfahrt. Ich atmete auf, denn nun würde alles leichter werden.

*

Am Semmering bestiegen russische Alliierte den Zug und kontrollierten die Pässe. Etwas in meinen Ausweis dürfte nicht gestimmt haben, denn sie ließen uns erst weiterreisen, als mein damals schon zweijähriger Sohn, den ich nun Karli nannte, zu weinen begann. Ich war froh, als wir in Wien ausstiegen und meine Mutter das Kind in die Arme schließen konnte.

Meine Eltern lebten damals in Untermiete in zwei Zimmern mit Küchenbenützung in der Großen Neugasse im vierten Bezirk. Eine gute, jedoch russisch besetzte Gegend.

Es war Winter. Ich hatte vergessen, wie kalt es sein konnte, wollte mich vor allem von den Strapazen ausruhen. Mutti verstand das gar nicht und bestand darauf, dass ich für meinen Lebensunterhalt selbst aufkommen sollte. Nach kaum einer Woche begann unser Zusammenleben anstrengend zu werden. Zudem ging es Papa finanziell sehr schlecht.

Es war bedrückend: Ich bewegte mich in einer Stadt, die mir vertraut war, in der ich aber keinen Menschen kannte und mich fremd fühlte. Diesen Zustand hielt ich nicht länger aus und beschloss nach Israel zurückzugehen. Über meinen Vater hatte ich Alfred Reischer kennen gelernt, der mein Gepäck freundlicherweise mit *Olim* (Neueinwanderern) nach Neapel schickte, sodass mich der Transport nichts kosten würde. Benja-

Mein Vater mit seinem Enkel Awy / Karli,
Wien 1952

min, dem ich von meiner Rückkehr geschrieben hatte, ließ sich in Israel den Retourfahrschein ausbezahlen. Dagegen war ich machtlos und musste in Wien bleiben und mich durchbeißen. Ich hoffte von ihm zumindest Geld für einen Kinderwintermantel zu bekommen, doch er ließ mich wissen: „Wenn du das Kind nicht willst, schick es her, ich gebe es in ein Waisenhaus." Das tat ich natürlich nicht, schwor aber Rache.

Zu dieser Zeit hatte ich meinen ersten Job in Wien ergattert, als Sekretärin im Sportclub Hakoah, wo ich schon vor 1938 aktives Mitglied gewesen war. Kein leichter Job, mit unzähligen Chefs, kein gut bezahlter Job, weil sie nicht viel hatten, aber er ermöglichte mir, Land und Leute und die hiesigen Arbeitsweisen kennen zu lernen. Karli kam in einen Kindergarten, von dem ihn meine Mutter täglich abholte.

Langsam fühlte ich mich wohler, ich war ja noch jung und flexibel. Durch eine glückliche Fügung bekam ich bald einen neuen Arbeitsplatz. Mein Sohn bot einem einarmigen Mann am Donaustrand Gänsehäufel Kirschen an und dieser verschaffte mir eine gute Stellung in der Girozentrale, der Bank für alle Sparkassen.

Damals galt ich als außergewöhnlich: mit meinen vier Sprachen!

Diese Arbeit war angenehm: Schluss um sechzehn Uhr, also Zeit für mein Kind, und sehr gut bezahlt. Wir bekamen sechzehn Gehälter im Jahr und es gab eine Werksküche um einen Schilling. Bedauerlicherweise hörte ich – nach all diesen schrecklichen Jahren – antisemitische Äußerungen. Warum man sie machte, weiß ich nicht mehr, jedenfalls nahm ich dazu Stellung – und verlor meinen Job. Es gab keinen Grund, mich zu kündigen, aber wenn man einen sucht, findet man immer einen: Und so warf man mir vor zu wenig Deutsch zu verstehen. Das Gegenteil konnte ich nicht beweisen, da ich tatsächlich in Frankreich zur Schule gegangen war.

Ich hatte dazugelernt und blieb nicht lange ohne Arbeitsstelle. Die folgende Beschäftigung in einer Blusenerzeugung war lange nicht so ertragreich und abends kam ich viel später nach Hause. Damals dachte ich, dass ich dankbar sein müsse, heute weiß ich, ich hätte es mir besser überlegen sollen. Unbegreiflicherweise machte die Blusenfabrikation Pleite; den nächsten Job bekam ich in der Stoffbranche: Ich handelte mit

Nylon, Perlon – in Meterware oder konfektioniert –, Pannofix-Pelzen und vielem mehr.

Der Rest der Zeit gehörte meinem Kind. Mein Leben hatte ich abgeschlossen, ich wollte nur für Karli da sein. Am Wochenende gingen wir schwimmen, eislaufen, machten Ausflüge. Natürlich gab es Flirts, hin und wieder ging ich aus, regelmäßig jedenfalls zu den Clubabenden der Hakoah. Meine Eltern hielten mich streng wie ein unverheiratetes Mädchen.

Ich hatte versucht, die Ehe mit Benjamin zu retten und ihn nach Italien zu locken. Es war mir nicht gelungen. Doch nach allem Geschehenen lebte ich in Scheidung. Auch das ist eine Folge der Emigration.

An einem der Clubabende der Hakoah beschlossen wir als geschlossene Gruppe zum Ball der Hochschülerschaft zu gehen. Ich war gerade zur Polonaise aufgefordert worden. Auf der anderen Seite des Tanzparketts saß Kurt Rosenkranz mit seinen Eltern. Ich war ja mit einigen Verehrern gekommen; trotzdem ging er quer über das Parkett auf mich zu. In dieser Ballnacht habe ich die Sohlen meiner Strümpfe durchtanzt, und kurz danach verlobten wir uns: Er holte mich von zu Hause ab und teilte meinem Vater mit, dass wir planten, das

Kurt vor dem Schuhgeschäft auf dem Columbusplatz im zehnten Bezirk, das wir im Jahr 1957 eröffneten

nächste Wochenende mit Bruder Charlot und Sohn Karli wegzufahren. Mein Vater fragte, wie er sich das vorstelle, doch er antwortete, er habe ernste Absichten.

Noch vor diesem famosen Wochenende luden mich seine Eltern zum Schabbat-Abend ein. Wir waren somit offiziell verlobt, sozusagen. Den Hochzeitstermin verschoben wir auf die tote Saison im Januar/Februar. Das alles ging so rasch, dass Karli gar nicht in die Verlegenheit kam ihn Onkel Kurt zu nennen. Im Kindergarten sagte er stolz: „Jetzt habe ich auch einen Papa!"

Nun willigte ich schnell in die Scheidung von Benjamin ein. Die israelischen Rabbinen verurteilten ihn zur Zahlung aller Spesen, in Österreich wurden ihm die Vaterrechte aberkannt.

Januar 1956 feierten wir groß Hochzeit. Meine Schwiegereltern überließen uns ein Zimmer in ihrer geräumigen Wohnung. Wir waren ja ans Sparen und an enges Zusammenrücken gewöhnt.

*

Kurt und seine Familie haben Wort gehalten. Seine Eltern waren richtige Großeltern für Karli und Kurt war und ist ein einmaliger Vater. Mein Sohn hat alles bekommen, gelernt und gemacht, was er wollte, ohne Unterschied zu unserer gemeinsamen Tochter Lydia, die 1959 auf die Welt kam. Heute verstehe ich, dass es in der Tradition einer jüdischen Familie liegt, sich umeinander zu kümmern. Und Tradition wurde und wird bei uns Rosenkränzen immer groß geschrieben.

Unsere Hochzeitsreise haben wir vor der Trauung gemacht und zwar ganz *comme il faut* nach Venedig …

*

Im Gegensatz zu mir wollte Kurt immer in Österreich bleiben. Ich wollte und bin immer noch bereit auszuwandern, obwohl ich hier ein schönes Leben gelebt habe. In Wien bin ich geboren, bewege mich in meinem Kulturkreis, aber sind meine Wurzeln hier? War es richtig auszuhalten? Wir haben viele Freunde, aber kann sich das nicht ändern?

Immer wieder gehe ich meinen Erinnerungen nach …

Zeittafel

Die folgende Auflistung historischer und politischer Ereignisse folgt der Biographie der Autorin und umfasst die Länder Österreich, Frankreich, Schweiz und Israel.

1930

6. Februar: Abschluss des Freundschaftsvertrags zwischen Österreich und Italien.

1931

11. Mai: Bankkrach der Österreichischen Credit-Anstalt. Österreichs Finanzlage ist hoffnungslos.

1932

20. Mai: Kabinett unter Engelbert Dollfuß (Christlich-Sozialer)

1933

30. Januar: Adolf Hitler deutscher Reichskanzler

1. Februar: Auflösung des deutschen Reichsrates

27. Februar: Brand des deutschen Reichstags in Berlin

Anfang März: Staatsstreich von Dollfuß, Aufhebung der parlamentarischen Verfassung, „Austrofaschistische Diktatur"

5. März: Reichstagswahlen in Deutschland

März: Errichtung der ersten deutschen Konzentrationslager

7. April: Laut einem Schweizer Bundesratsbeschluss muss sich ein Flüchtling, dessen Flucht politisch motiviert ist, binnen 48 Stunden bei der Polizei des Aufenthaltsortes melden.

19. Juni: Verbot der Nationalsozialistischen Partei in Österreich

Juni/Juli: Auflösung sämtlicher politischer Parteien in Deutschland

1934

12.-16. Februar: offene und blutige Auseinandersetzung zwischen der Regierung Dollfuß und den Sozialdemokraten, Ausrufung des Generalstreiks durch die Sozialdemokratische Partei Österreichs, schwere Kämpfe in Wien, Linz, Steyr und dem obersteirischen Industriegebiet, 300 Todesopfer, Hinrichtung von neun Schutzbündlern, Otto Bauer und Julius Deutsch entkommen ins Ausland. Verbot der Sozialdemokratischen Partei Österreichs

30. April: österreichische Bundesverfassung nach faschistischem Vorbild

25. Juli: nationalsozialistischer Putsch – Dollfuß wird ermordet.

30. Juli: Kurt von Schuschnigg österreichischer Bundeskanzler

1938

12. Februar: Schuschnigg bei Hitler in Berchtesgaden, Schuschnigg stimmt einer Amnestie für die Nationalsozialisten in Österreich und ihrer Regierungsbeteiligung zu.

16. Februar: Arthur Seyß-Inquart (Nationalsozialist) österreichischer Innenminister

1. März: Beginn bürgerkriegsähnlicher Unruhen in Österreich, angezettelt von Nationalsozialisten

9. März: Schuschnigg plant eine Volksabstimmung über die Unabhängigkeit Österreichs.

11. März: Ultimatum des Deutschen Reiches an Österreich, Einmarsch deutscher Truppen in Österreich, Rücktritt Schuschniggs und Übernahme der Regierung durch Seyß-Inquart

13. März: „Anschluss" Österreichs proklamiert

10. April: Volksabstimmung zum „Anschluss", 99% der österreichischen Bevölkerung stimmen mit „Ja".

April: Ab nun benötigen Österreicher ein Einreisevisum für Frankreich.

2. Mai: Ein französisches Dekret bestätigt das Prinzip des Asylrechts. Ein Flüchtling, der Frankreich nicht verlassen kann, weil kein anderes Land ihn aufnehmen will, muss nicht mehr ins Gefängnis – Maßnahme der Zwangsresidenz, *residence forcée.*

3. - 9. Mai: Besuch Adolf Hitlers in Rom bei Benito Mussolini, seit dem 25. Oktober 1936 existiert die „Achse Berlin-Rom", zum „Anschluss" Österreichs nimmt Mussolini Stellung im Sinne der „Achse".

9. - 10. November: November-Pogrom in Österreich und Deutschland, die sog. „Reichskristallnacht"

1. Dezember: Der französische Innenminister der Regierung Daladier (Sozialdemokraten) bekommt das Recht, Ausländern den Aufenthalt zu untersagen bzw. auf ein bestimmtes *département* zu beschränken.

1939

5. April: erste spanische Brigadisten im Lager Gurs, 30 km von der spanischen Grenze auf einem Plateau in den Basses-

Pyrénées gelegen, 300 Spanier besorgen bis Herbst 1940 die Instandhaltung des Lagers. Je 22 bis 30 Baracken bilden ein *ilôt*, 13 *ilôts* existieren.

23. August: deutsch-sowjetischer Nichtangriffspakt

1. September: Kriegsbeginn mit dem Angriff auf Polen. – Die französische Regierung verhaftet österreichische und deutsche Männer aller (!) politischen Richtungen, um die Agententätigkeit der sog. „Fünften Kolonne" zu verhindern. Sie werden in den Lagern Les Milles, Le Vernet etc. interniert. – Über 9.000 Internierte des Lagers Gurs werden als *prestataires* in Hilfstruppen, zum Teil gegen ihren Willen, eingesetzt (Dekrete vom 18. April und 20. Juli).

3. September: Frankreich erklärt Deutschland den Krieg.

4. September: Kundmachung in ganz Frankreich: Sämtliche Angehörige des Deutschen Reiches – „feindliche Ausländer zwischen 17 und 65 Jahren" – werden aufgefordert sich bei der zuständigen Stelle des *départements* zu melden. Frauen sind davon ausgenommen. Nach einer Woche sind bereits 15.000 Ausländer in 60 verschiedenen Lagern interniert.

16. September: Die Internierungen seien lediglich eine vorübergehende Maßnahme, so die Erklärungen der französischen Regierung, nur die als *indésirables* (Unerwünschte) eingestuften österreichischen und deutschen Lagerinsassen bleiben interniert. Bis Mitte Januar 1940 werden die meisten „politisch Unverdächtigen“ freigelasssen.

17. Oktober: Der Schweizer Bundesrat beschließt, dass die Kantone sämtliche Ausländer, die illegal in die Schweiz eingereist sind, ohne weiteres in das Land „ausschaffen“ können, das sie verließen oder dem sie angehören. „Emigranten“ können eine Toleranzbewilligung eines Schweizer Kantons erhalten.

1940

18. Januar: Ein Dekret der französischen Regierung verpflichtet alle Staatenlosen und Nutznießer des Asylrechts zwischen 20 und 48 Jahren zur *prestation.*

Januar/Februar: 9.000 Flüchtlinge (Männer) treten der französischen Fremdenlegion bei (zur Ausbildung werden sie nach Afrika geschickt), 5.000 melden sich als *prestataires*, gehen in den Arbeitsdienst: *Prestataires* erhalten Urlaub, ihre Familien werden – bescheiden – finanziell unterstützt, wie jene der französischen Soldaten.

10. Mai: Beginn des deutschen „Westfeldzugs“, Angriff auf Belgien, die Niederlande und Frankreich („Ab 5.30 wird zurückgeschossen!“)

14. Mai: Kapitulation Hollands

17. Mai: Kapitulation Belgiens

20. Mai: Deutsche Truppen erreichen die Somme-Mündung, Frankreich.

Mai: Die französische Regierung ordnet die Internierung aller (!) österreichischen und deutschen Frauen an – darunter zahlreiche Jüdinnen. Bis Juli bleibt Gurs Lager für „feindliche Ausländerinnen".

4. Juni: Einnahme von Dünkirchen/Dunkirk. Insgesamt 1,2 Mio. Kriegsgefangene an der Westfront

5. Juni: Vorstoß deutscher Truppen gegen die Seine und die untere Marne

9. Juni: Vorstoß nach Südosten, Richtung Schweizer Grenze, in den Rücken der Maginotlinie

11. Juni: Eintritt Italiens in den Krieg an der Seite Deutschlands

14. Juni: Besetzung von Paris

17. Juni: Marschall Pétain bildet ein neues Kabinett und bittet um Waffenstillstand.

18. Juni: General de Gaulle verkündet von London aus die Fortsetzung des französischen Widerstands.

22. Juni: Deutsch-französischer Waffenstillstand, unterzeichnet in Compiègne. – Besetzung Nord- und Westfrankreichs. – Fortdauer einer Regierung im unbesetzten Frankreich

25. Juni: Französisch-italienischer Waffenstillstand. Insgesamt 1,9 Mio. Kriegsgefangene an der Westfront

28. Juni: De Gaulle beginnt den Kampf gegen die Regierung Pétain.
Juni: Die Regierung Pétain richtet sich in Vichy ein. General de Gaulle begründet in London das „Nationalkomitee der Freien Franzosen", das von England anerkannt wird. Im besetzten Frankreich bildet sich eine Widerstandsbewegung, die *Résistance*, auch *Maquis*-(Buschwald-)Bewegung genannt.
5. Juli: Die Regierung Pétain bricht die diplomatischen Beziehungen zu England ab.
10. Juli: Marschall Pétain nimmt als Staatsoberhaupt den Titel „Chef des französischen Staates" an. Die USA erkennen die Vichy-Regierung an.
Juli: Nach dem Abschluss des deutsch-französischen Waffenstillstands verlassen die meisten Gefangenen das Lager Gurs, sie werden entlassen oder können mit gefälschten Ausweisen fliehen.
22. Oktober: Über 6.500 badische, pfälzische und in Frankreich lebende Juden werden in Gurs interniert. Viele kommen im folgenden Winter um.
24. Oktober: Hitler und Pétain zu Gesprächen in Montoire
Oktober: Die Vichy-Regierung erlässt antisemitische Gesetze, das sog. „Judenstatut": Das Tragen des Judensterns wird obligat, nichtfranzösische Juden müssen in Lagern interniert werden. – Erschreckende Berichte über Gurs: erste Hilfsaktionen

November: Vichy-Frankreich bricht die diplomatischen Beziehungen zu den USA ab. Invasion des unbesetzten Frankreich durch deutsche Truppen trotz Pétains Protest. – Zwischen November 1940 und August 1942 kommen mit Hilfe des HICEM (HIAS-JCA Emigration Association, Organisation für jüdische Auswanderung) rund 2.000 der internierten Juden frei.

1941

23. Oktober: Die Nationalsozialisten verhängen den definitiven Auswanderungsstopp.

1942

20. Januar: „Wannsee-Konferenz" – Hitler beschließt die „Endlösung", die systematische Ermordung der Juden.

10. März: SS-Hauptsturmführer Dannecker organisiert die Deportation von zunächst 5.000 Juden aus Frankreich.

13. August: Die Schweizer Behörden verfügen die totale Grenzsperre. Zwischen dem 30. September und dem 29. Dezember gelangen trotzdem rund 430 jüdische Flüchtlinge über den Val Varnaz, den Col d'Hugeon und die Neuenburger Jura bei Cerneux-Péquignot in die Schweiz. Den völlig erschöpften Emigranten wird der Rückweg nicht „zugemutet", „nur" vier Personen müssen umkehren …

August: Vier Deportationszüge gehen aus Südfrankreich nach Auschwitz ab.
4. September: Eine große Flüchtlingswelle erreicht die Schweiz – das Eidgenössische Justiz- und Polizeidepartement erkundigt sich nach dem Hilfseinsatz der Kantone. Basel-Stadt ist bereit Flüchtlinge aufzunehmen und ein Lager zur Verfügung zu stellen; Zürich stimmt einem Lager für 50 Personen zu, ebenso Freiburg. Vier Kantone erklären sich unter Vorbehalten bereit Flüchtlinge aufzunehmen, 26 Kantone lehnen eine Unterstützung ab. – Es ist den Kantonen vorbehalten Aufenthaltsgenehmigungen auszustellen („Toleranzbewilligungen").
23. Oktober: ab diesem Zeitpunkt vorübergehende Einstellung der Deportationszüge aus der Südzone Frankreichs
11. November: Deutsche Truppen besetzen die französische Südzone. Die Gestapo ist ab nun offiziell in ganz Frankreich vertreten.

1943
14. - 26. Januar: De Gaulle wird auf der Casablanca-Konferenz als politischer Führer des freien Frankreich anerkannt.
12. März: Der Schweizer Bundesrat beschließt die Internierung von Flüchtlingen fortzusetzen, die nach dem 1. August 1942 eingereist sind („Zivilinternierte"). Nach der Weige-

rung der Kantone übernimmt der Bund das Ausstellen von Aufenthaltsbewilligungen. Die „Ausschaffung“ ist „aus humanitären Gründen nicht mehr vollstreckbar“.

10. Juli: Landung der Alliierten auf Sizilien

25. Juli: Rücktritt und anschließende Verhaftung Mussolinis

1944

6. Juni: Landung der Alliierten in der Normandie

15. August: Landung der Alliierten an der Riviera. Die *Résistance* unterstützt die Operationen der Alliierten.

25. August: Übergabe von Paris und Einzug von General de Gaulle

30. August: Die Alliierten überschreiten die Seine.

3. September: Befreiung von Brüssel

1945

7./9.Mai: Gesamtkapitulation Deutschlands

14. August: Pétain wegen Feindbegünstigung und Hochverrats zum Tod verurteilt, das Urteil wird in lebenslängliche Haft umgewandelt. Er stirbt 1951.

November: De Gaulle gewählter Regierungschef

31. Dezember: Das Lager Gurs wird aufgelöst.

1946

1. Januar: De Gaulle tritt zurück.

1946-1958

anhaltende Regierungskrisen in Frankreich, zahlreiche kurzlebige Regierungsbildungen

1947

13. Juli: Österreich erhält Hilfe aus dem Marschall-Plan (bis Januar 1954).

29. November: Die UN-Vollversammlung billigt die Teilung Palästinas in einen arabischen (Transjordanien) und einen jüdischen Staat.

1948

14. Mai: Proklamation des unabhängigen und souveränen Staates Israel durch David Ben Gurion, Chaim Weizmann wird Staatspräsident. Die arabischen Nachbarstaaten eröffnen den Krieg.

1949

14. Februar: Die *Knesset* (das israelische Parlament) tritt erstmals zusammen.

1955

15. **Mai**: Der österreichische Staatsvertrag wird von den vier alliierten Großmächten und Österreich im Oberen Belvedere in Wien unterzeichnet. Österreich verpflichtet sich, keine politische oder wirtschaftliche Vereinigung mit Deutschland einzugehen.

26. **Oktober**: Der Nationalrat beschließt die immerwährende Neutralität.

Biografien und Autobiografien im Czernin Verlag

Richard Bugajer
MEIN SCHATTENLEBEN
Eine Jugend im Ghetto und KZ
176 Seiten, geb., SU
Format: 12,5 x 19 cm
Eu 21,65/öS 298,-/DM 40,80/SFr 38,-
ISBN 3-7076-0018-1
Mai 2000

Hubertus Czernin
JAHR DES ERWACHENS
Eine jüdische Geschichte
(Band IV der Bibliothek des Raubes)
64 Seiten, geb., SU
Format: 12 x 17 cm
Eu 9,30/öS 128,-/DM 17,50/SFr 16,50
ISBN 3-7076-0001-7
Mai 2000

Ernst Frey
VIETNAM, MON AMOUR
Ein Wiener Jude im Dienst von Hô Chi Minh
Hg. von Doris Sottopietra
320 Seiten, geb., SU, Leseband
Format: 12,5 x 19 cm
Eu 21,-/öS 289,-/DM 39,60/SFr 36,60
ISBN 3-7076-0113-7
2. Auflage April 2001

Ruth Wodak (Hg.)
DAS KANN EINEM NUR IN WIEN PASSIEREN
Alltagsgeschichten
200 Seiten. Halbleinen, Leseband
Format: 12,5 x 19 cm
Eu 2o,-/öS 275,-/DM 37,60/SFr 36,10
ISBN 3-7076-0125-0
Oktober 2001

Ernst Frey

VIETNAM, MON AMOUR

Ein Wiener Jude im Dienst von Hô Chi Minh

Hg. von Doris Sottopietra

320 Seiten, geb., SU, Leseband

Format: 12,5 x 19 cm

Eu 21,-/öS 289,-/DM 39,60/SFr 36,60

ISBN 3-7076-0113-7

2. Auflage April 2001

Ruth Wodak (Hg.)

DAS KANN EINEM NUR IN WIEN PASSIEREN

Alltagsgeschichten

200 Seiten. Halbleinen, Leseband

Format: 12,5 x 19 cm

Eu 2o,-/öS 275,-/DM 37,60/SFr 36,10

ISBN 3-7076-0125-0

Oktober 2001

Ernst Frey

VIETNAM, MON AMOUR

Ein Wiener Jude im Dienst von Hô Chi Minh

Hg. von Doris Sottopietra

320 Seiten, geb., SU, Leseband

Format: 12,5 x 19 cm

Eu 21,-/öS 289,-/DM 39,60/SFr 36,60

ISBN 3-7076-0113-7

2. Auflage April 2001

Ruth Wodak (Hg.)

DAS KANN EINEM NUR IN WIEN PASSIEREN

Alltagsgeschichten

200 Seiten. Halbleinen, Leseband

Format: 12,5 x 19 cm

Eu 2o,-/öS 275,-/DM 37,60/SFr 36,10

ISBN 3-7076-0125-0

Oktober 2001